EL MÉTODO

fun2fit

CUERPO SANO | MENTE FELIZ

Primera impresión: mayo de 2014
Segunda impresión: junio de 2014
Tercera impresión: septiembre de 2014

Editorial Planeta Colombiana S. A., 2013
Calle 73 Nº 7-60, Bogotá, D. C.

ISBN 13: 978-958-42-3910-5
ISBN 10: 958-42-3910-4

Edición general
Andrea Loeber

Diseño y diagramación
Departamento de diseño Grupo Planeta
Óscar Abril Ortíz
Nelson Rocha Sánchez
Alejandro Amaya
Diana Paola Abadía
Myriam Enciso

Fotografía
Juan Pablo Cadavid
Producción
María Camila Cáceres
Maquillaje
Lemond Asesores de Imagen

Impresión
Nomos Impresores

EL MÉTODO fun2fit

CUERPO SANO | MENTE FELIZ

DIANA

A la Virgen de Fátima.
A María, por su dulzura, su madurez,
por ser mi hija, mi amiga, mi cómplice,
mi compañera en la cocina, mi polo a tierra,
mi orgullo más grande. No sé qué haría sin ti.
A Juanfe, por esas frases espontáneas,
y esos ojos llenos de picardía que me hacen sentir
que muero de amor cada día.
A mis papás, por su amor infinito y por enseñarme
que la disciplina y el trabajo son el único camino.
A Felipe, por haberme dado diecisiete años
de apoyo y amor incondicional.

Marcela

A Laura, que con su corazón noble me llega al alma
y me confirma siempre que dar es mejor que recibir.
A Mariana, quien a su corta edad me guía en todo,
en especial a ser fuerte y perseverante.
A Alejandro, que comparte conmigo y continuará
con la bandera de este sueño.
A Juan Pablo, por su paciencia, generosidad, apoyo
y preocupación por mis cosas durante tantos años.
A mis papás por su amor incondicional
y su ejemplo de integridad.

Tata

CONTENIDO

Pág.

PRÓLOGO

Una conversación entre un hada madrina y un soñador me reveló que cada vez que un sueño se realiza los demás hacen fila juiciosamente en nuestro interior para encontrar su lugar y su momento.

Los sueños son el alimento del alma, son el motor del espíritu, son el impulso incansable que provoca que un amor nazca, que un encuentro se dé o que un logro se concrete. Los sueños le dan aliento a la vida, al día siguiente, al nuevo amanecer, son el significado de la lucha, de la batalla, son la razón del esfuerzo. Los sueños son oxígeno. Seguramente hacen parte de un sistema divino que provee al universo de magia y a sus habitantes de luz.

Una estrella es un sueño, una mirada lo es, un olor, un destino, una forma, una sonrisa, un propósito, un atardecer. Los sueños están en las pupilas de los inconformes y de los inquietos, los sueños están en la piel de los desvelados y en los zapatos de los caminantes. Los sueños no tienen edad, ni nacionalidad, ni género, pero tienen una particularidad, desconocen y alteran el tiempo.

Algún lector atento se preguntará que tiene que ver esta reflexión con el libro que está en sus manos en estos momentos.

Siempre consideré que la vida es una relación entre lo que percibimos, lo que conocemos y lo que sentimos. Mi relación con Tata y Marcela data de varios años atrás y quizá de varias vidas anteriores. Lo digo porque sus miradas no fueron ajenas aún el día en que nos conocimos y la percepción del aroma que rodeó conversaciones privadas por las aulas y los escalones de una pequeña universidad, fue el mismo perfume que detecté años más adelante en la boda de Tata, o en el aliento de la sonrisa de Marcela, cualquier tarde de abril.

Conocerlas fue quererlas y sentirlas caminando fue el inicio de la premonición evidente que manifestaba que pronto correrían.

Detenerme hoy con el honor, quizá no merecido, de escribir este texto me hace solo recurrir a los recuerdos y ahondar en ellos para no tener que pensar en qué escribir.

Así pues, considero que ellas son lo más parecido a un sueño, a un sueño de un soñador perdido, que no renuncia a nada, que sabe que siempre sale el sol y que cada noche trae su luna. Así son Tata y Marcela; así he visto como Tata ha construido su familia, así he visto como Marcela ha criado sus hijos, así he visto como el esfuerzo, el empeño, el sacrificio, la disciplina, la entrega, el trabajo, el estudio, la honestidad, la convicción y la perseverancia han sido sus mejores aliados.

Seguramente todos estos adjetivos para muchos son el motivo de estos dos cuerpos normalmente perfectos, para mí son el eje de construcción del alma de dos seres que soñaron con que es posible y que de pronto, hoy, en medio de su madurez, aún no reconocen sus medidas y siguen adelante como el primer día, como ese primer día cuando la resistencia era menor, y todo se dibujaba más lejos. Hoy siguen luchando no porque el espejo las premie sino por ser espejo de muchos nuevos soñadores.

A Tata y a Marcela felicitaciones por este sueño cumplido, a los lectores y conocedores perdón porque quizá esto técnicamente de prólogo, no tiene nada, pero manifiesta con sinceridad y admiración, lo que seguramente a usted también lo llevó a tener este libro en las manos.

Nota para las autoras: Me sigue costando mucho el ejercicio abdominal, pero siento que mi corazón late más fuerte.

Yamid Amat Serna

01

02

03

04

05

06

EL MÉTODO fun2fit

INTRO

El método Fun2Fit

INTRODUCCIÓN

Desde hace ocho años, cuando ni siquiera pensábamos que este libro podía ser una realidad, él mismo empezó a construirse.

Ser mamás, quizás el rol más importante en nuestras vidas, en algún momento nos alejó de nuestras aspiraciones profesionales. Pero después de un tiempo, los hijos crecen y esas personitas para quienes eras el mundo, empiezan a construir el suyo dejando una especie de vacío.

Buscamos algo apasionante que no tenía mucho que ver con nuestras carreras pero que nos hacía sentir fuertes, vivas, independientes y lo más importante, felices. Es aquí donde nace Fun2Fit.

Nuestro método se basa en hacer del *fitness* una experiencia que fortalezca física, social y mentalmente a las personas.

Experimentamos muchos tipos de entrenamiento y modelos de alimentación hasta descubrir que para el ejercicio no existe la última palabra y que ningún método es mejor que otro. Igualmente, encontramos que en la alimentación no existen fórmulas mágicas ni dietas milagrosas, todo depende del equilibrio y los buenos hábitos para lograr una armonía.

El método Fun2Fit busca confundir mente y cuerpo de tal forma que no se acostumbren ni predigan a qué van a enfrentarse cada día. La creatividad es básica e indispensable en el momento de diseñar rutinas o utilizar lo que se encuentre al alcance, así sea únicamente el cuerpo.

NUESTRO MÉTODO SE BASA EN HACER DEL FITNESS UNA EXPERIENCIA QUE FORTALEZCA FÍSICA, SOCIAL Y MENTALMENTE A LAS PERSONAS.

El *fitness* ha sido nuestro vehículo para inspirar a los demás a luchar por sus sueños, a explotar su máximo potencial, y además, influenciar a otros a hacer lo mismo.

Nuestra misión es cambiar la forma como hasta este momento eran percibidos el ejercicio y la alimentación sana e incorporarlos a la vida diaria como una experiencia vital y gratificante.

01

EL MÉTODO fun2fit

CAP 01

Cuerpo y mente son las herramientas

El *fitness* más que una disciplina o un deporte, es un estilo de vida saludable enfocado en mantener la armonía entre cuerpo y mente.

Para nosotras, los tres pilares del *fitness* son:

Una persona fit debe estar bien por dentro y por fuera, es decir no solo verse bien sino también sentirse saludable.

En nuestros años de experiencia como deportistas y entrenadoras hemos observado que después de treinta días el cuerpo y la mente se vuelven resistentes al mismo tipo de entrenamiento. Basadas en esta premisa surgió el método Fun2Fit que busca despistarlos.

Los entrenadores somos artistas diseñando rutinas para cuidar y esculpir el cuerpo de las personas que confían en nosotros.

UNA PERSONA FIT DEBE ESTAR BIEN POR DENTRO Y POR FUERA, ES DECIR NO SOLO VERSE BIEN SINO TAMBIÉN SENTIRSE SALUDABLE.

CÓMO DESPISTAR CUERPO Y MENTE

Para despistar cuerpo y mente, se deben utilizar diferentes estímulos de modo que el progreso no se detenga. Algunos de estos estímulos pueden ser:

» Realizar diferentes disciplinas durante la semana. Hemos observado que después de cuatro semanas el cuerpo se vuelve resistente al mismo entrenamiento y disminuye su progreso. Es por esta razón que debemos variar de rutinas cada cierto tiempo para lograr así un progreso constante. La tabla de la página 21 te muestra un ejemplo de cómo hacerlo.

» Realizar rutinas en circuitos donde se mezclen varios tipos de herramientas durante el entrenamiento. Como por ejemplo: bandas elásticas, pesas, superficies inestables, pesas rusas (campanas), lazos, herramientas para suspensión, máquinas tradicionales, balones medicinales, bolas de Pilates, peras de boxeo. En fin, todo lo que tengan a la mano es válido.

- Variar cargas y repeticiones.
  Algunos días se puede trabajar con cargas altas haciendo pocas repeticiones, otros se puede trabajar con cargas livianas y más repeticiones.
- Utilizar diferentes beats en la música. Está comprobado que el ritmo de la música nos hace trabajar a diferentes intensidades cardiovasculares.
- Variar horarios de entrenamiento si es posible.
- Permitir una comida trampa a la semana, ya que no solo premia el esfuerzo, sino que además le da un estímulo al metabolismo.
- Si se puede, combinar entrenadores.

Para poder despistar el cuerpo y la mente, el método Fun2Fit tiene variaciones para todos los estilos de vida, tanto como para los que van al gimnasio como para los que no. Más adelante encontrarán rutinas caseras y al aire libre, además de las del gimnasio.

LOS ENTRENADORES SOMOS ARTISTAS DISEÑANDO RUTINAS PARA CUIDAR Y ESCULPIR EL CUERPO DE LAS PERSONAS QUE CONFÍAN EN NOSOTROS.

fun2fit	Lunes	Martes	Miércoles	Jueves	Viernes	Sábado	Domingo
Semana 1	Entrenamiento funcional	Pesas libres	Cardio	Máquinas de gimnasio	Entrenamiento por suspensión + cardio	Entrenamiento funcional	Descanso
Semana 2	Pesas libres + cardio	Entrenamiento funcional	Máquinas de gimnasio + cardio	Cardio	Entrenamiento funcional	Descanso	Entrenamiento al aire libre
Semana 3	Entrenamiento por suspención	Cardio	Pesas libres	Máquinas de gimnasio + cardio	Entrenamiento funcional	Cardio	Descanso
Semana 4	Entrenamiento funcional + cardio	Pesas libres	Cardio	Máquinas de gimnasio	Entrenamiento funcional + cardio	Descanso	Entrenamiento al aire libre

Este cuadro es un modelo que puedes usar para mezclar tus entrenamientos diarios y así lograr despistar el cuerpo y la mente.

02

EL MÉTODO fun2fit

CAP 02

Cómo ejercitarse para ser fit

Existen muchas teorías sobre entrenamiento pero realmente nadie tiene la última palabra. No todo el mundo tiene los mismos objetivos, por eso es recomendable que cuando la persona es principiante tenga la asesoría de un profesional que lo ayude a lograr sus metas en la disciplina en la que quiera desempeñarse.

Durante nuestros años de experiencia en el *fitness*, hemos comprobado que existen ciertos factores que ayudan a logar los objetivos de esta área. Éstos se resumen en lograr una figura musculosa y con poca grasa, y un estado físico con buena resistencia.

Una rutina efectiva está basada más en la calidad que en la cantidad. De hecho, una rutina completa no debería durar más de una hora y media, incluyendo fuerza (musculación) y cardio. Después de este tiempo, se puede producir desgaste muscular.

TIPOS DE ENTRENAMIENTO DE FUERZA

» Entrenamiento funcional
Se basa en el trabajo de cadenas musculares que imitan el movimiento cotidiano del cuerpo humano y le resta importancia al trabajo de músculos aislados. Es ideal para todo el mundo porque nos reta a adquirir nuevas destrezas y nos saca de la monotonía.

» Entrenamiento por suspensión

Es un tipo de entrenamiento que involucra trabajar con el peso del propio cuerpo en suspensión y, muchas veces, en contra de la gravedad.

- Pesas libres
  Trabajan músculos aislados a través de herramientas tales como mancuernas, campanas o cualquier otro elemento que le agregue peso al cuerpo.
- Máquinas de gimnasio
  Trabajan grupos musculares aislados por medio de máquinas.

TIPOS DE ENTRENAMIENTO DE CARDIO

- Máquinas de gimnasio como elíptica, trotadora, bicicleta estática, escaladora, etc.
- Clases grupales como baile, combate, boxeo, *step*.
- Actividades al aire libre. Por ejemplo, montar bicicleta, nadar, correr, trotar, patinar, entre otros.

PASOS DE UN ENTRENAMIENTO FUN2FIT

PASO 1 CALENTAMIENTO

El calentamiento es muy importante porque sube la temperatura corporal, aumenta la frecuencia cardiaca, adapta el transporte de oxígeno, desechos y nutrientes por la sangre, mejora la funcionalidad articular, prepara cuerpo y mente para el ejercicio. De esta forma previenen lesiones.

PASO 2 RUTINA

Una buena rutina debe tener ejercicios de fuerza, resistencia, equilibrio, pliometria (saltos), coordinación y flexibilidad. Esto no significa que todos estos factores deban estar presentes en un solo día, pero sí durante el mismo plan de entrenamiento. Algunas veces combinando varios y otras combinándolos todos.

Hasta hace muy poco, a las personas obesas o con sobrepeso se les sugería solamente hacer cardio. Hoy en día, está comprobado que una persona sin buena masa muscular o con una masa muscular débil no es capaz de quemar tanta grasa. Por lo tanto, todas las personas, sin excepción, deben trabajar fuerza y cardio.

PASO 3 CARDIO

El ejercicio cardiovascular es aquel que exige una demanda continua de oxígeno haciendo que el músculo tenga que recurrir a las reservas de grasa como combustible. Aquí se trabajan los grupos musculares más grandes del cuerpo como las piernas o glúteos.

Para un entrenamiento de *fitness* siempre recomendamos hacer el cardio al final de la rutina o a otra hora del día porque de lo contrario podemos poner en riesgo nuestra masa muscular.

El cardio no solo nos ayuda a perder grasa, sino que le da más fuerza a nuestro corazón para que le sea más fácil bombear sangre.

EL CARDIO TE HACE LIBERAR ENDORFINAS QUE PRODUCEN SENSACIÓN DE BIENESTAR Y FELICIDAD.

CUERPO FIT = FUERZA + CARDIO

UN MÚSCULO GRANDE Y FUERTE QUEMA MÁS GRASA.

PASO 4 ESTIRAMIENTO

El estiramiento debe realizarse después de la actividad física, por lo menos por treinta segundos en cada músculo trabajado.

Beneficios del estiramiento:

- Favorece la circulación
- Reduce el dolor muscular
- Reduce el cansancio
- Estimula el desarrollo muscular
- Evita la pérdida de movilidad
- Estimula la movilidad de las articulaciones
- Sirve como relajante muscular y mental
- Evita la oxidación muscular
- Aumenta la resistencia muscular

Es muy importante no sobreentrenar los músculos. Cuando se trabajan grupos musculares aislados con peso significativo, éstos deben descansar por lo menos cuarenta y ocho horas.

También es muy importante, descansar por lo menos un día a la semana del ejercicio.

Estos son algunos estiramientos que puedes realizar para finalizar las rutinas que te mostramos más adelante.

ESTIRAMIENTOS BÁSICOS

Para realizar el estiramiento de un músculo es necesario realizar el movimiento contrario a su función. Es importante sentir tensión más no dolor.

30 SEGUNDOS

TRÍCEPS

Con el brazo arriba y flexionado por detrás de la cabeza, sostener con la mano contraria y hacer presión hacia atrás.

30 SEGUNDOS

BÍCEPS

Estirar un brazo hacia el frente y sostener la mano hacia atrás con el brazo contrario verificando que todos los dedos estén incluidos.

30 SEGUNDOS

ISQUIOTIBIALES

Con pierna flexionada y la espalda inclinada hacia abajo, tomar la punta del pie de la otra pierna y sostener hacia atrás.

30 SEGUNDOS

PECHO

De pie, sacar el pecho y llevar los brazos hacia atrás con las palmas de las manos abiertas hacia atrás.

CUÁDRICEPS

Ubicarse boca abajo y sostener los pies con las manos flexionando las rodillas.

LUMBARES

Ubicarse boca abajo con las rodillas flexionadas debajo de la pelvis y estirando los brazos hacia adelante lo más lejos posible.

ADUCTORES

Flexionar una pierna y estirar la otra hacia un lado apoyándose en el talón.

ESPALDA

Hacer un arco con la espalda y llevar los brazos hacia adelante agarrándose las manos.

CINTURA

De pie, estirar el cuerpo hacia un lado manteniendo el brazo arriba.

ABDOMINALES

De pie, estirar el tronco manteniendo los brazos arriba.

03

CAP 03

Rutinas Fun2Fit

A continuación encontrarán algunas rutinas Fun2fit para hacer en casa, al aire libre, o en el gimnasio.

Cómo elegir el peso ideal para las rutinas

En las rutinas funcionales, el peso y la tensión deben ser moderadas para que permita hacer varias repeticiones sin dificultad.

En las rutinas para músculos aislados, el peso debe ser aquel que empiece a producir fatiga muscular a partir de la octava repetición cuando se busca aumentar masa, y a partir de la quinceava cuando se busca mantenerla.

Cronograma de rutinas

En la siguiente tabla encontrarán un modelo para implementar las rutinas, ya sean caseras, al aire libre o en el gimnasio.

Durante el primer mes se realizarán las rutinas básicas y a partir del segundo mes, las avanzadas. Recuerda también que la intensidad de la rutina se puede manejar con el número de repeticiones o cargas. Lo importante es progresar, exigirse más cada día y llevar un control con el récord de cada rutina.

fun2fit	Lunes	Martes	Miércoles	Jueves	Viernes	Sábado	Domingo
Semana 1	Rutina **1**	Rutina **2**	Rutina **1**	Rutina **2**	Rutina **1**	Rutina **2**	Descanso
Semana 2	Rutina **3**	Rutina **4**	Rutina **3**	Rutina **4**	Rutina **3**	Rutina **4**	Descanso
Semana 3	Rutina **1**	Rutina **3**	Rutina **1**	Rutina **3**	Rutina **1**	Rutina **3**	Descanso
Semana 4	Rutina **2**	Rutina **4**	Rutina **2**	Rutina **4**	Rutina **2**	Rutina **4**	Descanso
Semana 5	Rutina **5**	Rutina **6**	Rutina **5**	Rutina **6**	Rutina **5**	Rutina **6**	Descanso
Semana 6	Rutina **7**	Rutina **8**	Rutina **7**	Rutina **8**	Rutina **7**	Rutina **8**	Descanso
Semana 7	Rutina **5**	Rutina **7**	Rutina **5**	Rutina **7**	Rutina **5**	Rutina **7**	Descanso
Semana 8	Rutina **8**	Rutina **6**	Rutina **8**	Rutina **6**	Rutina **8**	Rutina **6**	Descanso

Cronograma de rutinas.

Si en las rutinas no alcanzan a completar la cantidad de series que recomendamos, está bien. Cada persona debe ir a su propio ritmo.

Cómo distribuir el tiempo de las rutinas

Es posible que al comienzo se gaste la hora y media completa en los ejercicios de las rutinas. Si es así, y lo desean, pueden hacer el cardio a otra hora del día por máximo cuarenta minutos. Si por el contrario, les sobra tiempo después de terminar las rutinas, pueden destinarlo a hacer cardio hasta completar hora y media de ejercicio. Recuerden no sobrepasar este tiempo en total para proteger la masa muscular.

POSICIONES BÁSICAS

Estas posiciones son claves dentro de cualquier entrenamiento. La mayoría de las rutinas que encontrarás a continuación incluyen por lo menos una de ellas. De su correcta ejecución depende el éxito del ejercicio y la prevención de posibles lesiones.

1 PLANCHA

La plancha es un ejercicio que estabiliza y fortalece la zona central del cuerpo. También trabaja brazos, hombros y piernas.

¿Cuál es la forma correcta de realizar la plancha?

Es necesario ubicarse sobre una superficie plana y pareja, apoyándose en los antebrazos y puntas de pies. Debe mantenerse la espalda derecha sin dejar que la cadera se incline hacia el suelo. Es muy importante mantener el abdomen contraído todo el tiempo.

2 SENTADILLA

La sentadilla es una posición y a la vez un ejercicio básico dentro del entrenamiento de fuerza. Trabaja cuádriceps, glúteos y caderas.

¿Cuál es la forma correcta de realizar la sentadilla?

Se realiza flexionando las rodillas y la cadera para hacer bajar el cuerpo sin perder verticalidad. Se debe tener cuidado que las rodillas nunca pasen la punta de los pies. Se puede hacer utilizando solo el peso del cuerpo o adicionando carga.

3 TIJERA O DESPLANTE

La tijera es una posición o un ejercicio que sirve para fortalecer y esculpir varios grupos musculares como cuádriceps, glúteos e isquiotibiales.

¿Cuál es la forma correcta de hacer una tijera o desplante?

Se realiza ubicando una pierna adelante con la rodilla flexionada, el pie apoyado completamente y cuidando que la rodilla no pase la punta del pie. Al mismo tiempo, la otra pierna debe ubicarse detrás apoyada sobre la punta del pie. Se puede hacer usando el peso del cuerpo o introduciendo cargas adicionales.

RUTINAS CASERAS

BÁSICAS + AVANZADAS

Cuando no queremos o no podemos salir de casa, siempre existen opciones para entrenar. Estas rutinas son sencillas pero muy completas.

RUTINA01

Implementementos

2 toallas pequeñas.

Trabaja →

Abdomen, pierna y glúteo.

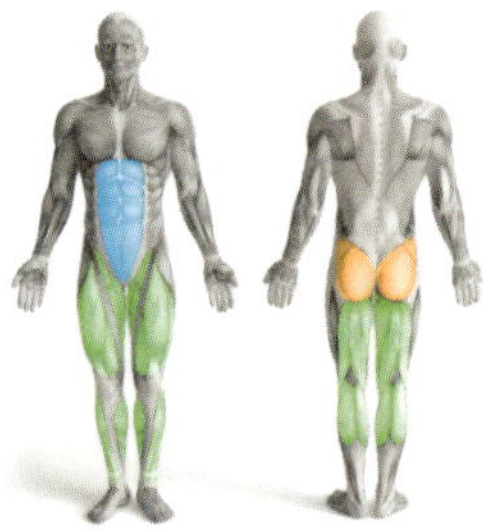

* *Realizar 3 series de cada ejercicio, descansando 30 segundos entre cada una.*

Apoyando las manos y con los pies en el piso y sobre las toallas, deslizar un pie llevando la rodilla al pecho y luego el otro. **15 repeticiones de cada lado.**

Sobre el piso apoyando los antebrazos con las piernas estiradas y pies sobre las toallas, deslizar una pierna hacia afuera. **15 repeticiones de cada lado.**

03

Sobre el piso apoyando las manos, con las piernas estiradas y pies sobre las toallas, deslizar los pies hacia adelante simultáneamente lo más adelante posible y regresar a la posición inicial. **15 repeticiones de cada lado.**

04

Sobre el piso, apoyando las manos con los codos levemente flexionados, la pelvis hacia abajo, las piernas estiradas y pies sobre las toallas. Deslizar una pierna llevando la rodilla hacia afuera, regresar a la posición inicial, e inmediatamente hacer lo mismo con la otra. **15 repeticiones de cada lado.**

05

Parado con un pie sobre la toalla, deslizar el pie hacia el lado. **15 repeticiones de cada lado.**

Parado con un pie sobre la toalla, deslizar el pie hacia atrás. **15 repeticiones de cada lado.**

Sobre el suelo apoyando las manos, piernas estiradas y pies sobre las toallas deslizar ambas piernas simultáneamente flexionando las rodillas y llevándolas hacia afuera, volver a la posición inicial y cambiar de lado. **15 repeticiones de cada lado.**

LLEVA TU REGISTRO

RUTINA01

Fecha	Tiempo rutina	Tiempo cardio	Rutina completa
			○
			○
			○
			○
			○
			○
			○

08

En el piso, apoyarse sobre las manos, mantener una pierna estirada y la otra flexionada con los pies sobre las toallas. Deslizar una pierna llevando la rodilla al pecho y regresar.
15 repeticiones de cada lado.

09

De pie, con los dos pies sobre las toallas. Girar el cuerpo hacia un lado y después hacia el otro, deslizando los pies como bailando *twist*.
15 repeticiones de cada lado.

MOTÍVATE

LA FORTALEZA NO NACE DE LO QUE SOMOS CAPACES DE HACER. NACE DE LO QUE NO PODÍAMOS HACER Y FINALMENTE LOGRAMOS.

RUTINA02

Implementos
2 toallas pequeñas.

Trabaja →
Abdomen, pierna y glúteo.

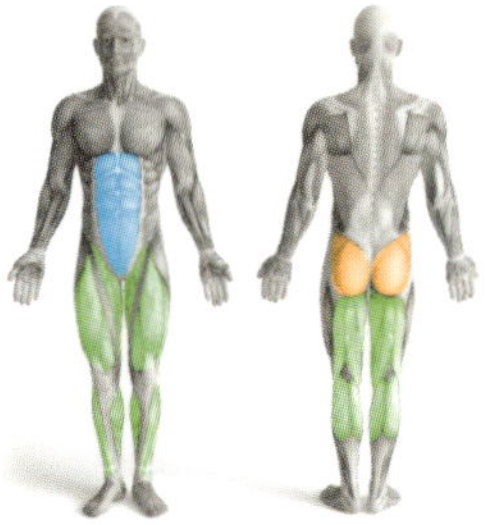

*** Realizar 3 series de cada ejercicio, descansando 30 segundos entre cada una.***

01

Acostado sobre el piso boca arriba, apoyando los talones sobre las toallas, recoger las piernas levantando la pelvis y regresar. **15 repeticiones.**

02

Sobre el piso, apoyando las manos, con las piernas estiradas y los pies sobre las toallas, llevar las rodillas simultáneamente hacia el pecho y regresar. **30 repeticiones.**

Sobre el piso, apoyando las manos, con las piernas estiradas y los pies sobre las toallas, abrir y cerrar las piernas.

30 repeticiones.

Boca arriba, sobre el piso, levantando la pelvis y los pies sobre las toallas. Abrir y cerrar las piernas simultáneamente.

30 repeticiones.

Sobre el piso, apoyado sobre las manos, con las piernas estiradas y pies sobre las toallas. Deslizarse llevando las rodillas hacia adelante y hacia afuera y regresar.

15 repeticiones.

Sobre el piso apoyando las manos, rodillas flexionadas y pies sobre las toallas. Deslizar una pierna hacia al lado, regresar, e inmediatamente estirar la otra.

30 repeticiones en total.

Sobre el piso, boca abajo, apoyado sobre antebrazos, elevar una pierna estirada manteniendo el abdomen muy contraído.

15 veces por cada lado.

LLEVA TU REGISTRO

RUTINA02

Fecha	Tiempo rutina	Tiempo cardio	Rutina completa
....	....	....	○
....	....	....	○
....	....	....	○
....	....	....	○
....	....	....	○
....	....	....	○
....	....	....	○

Sobre el piso, boca abajo, apoyado sobre antebrazos, elevar una pierna, con la rodilla flexionada manteniendo el abdomen muy contraído. **15 veces por cada lado.**

Sobre el piso, boca abajo, apoyado sobre antebrazos, elevar una pierna, y llevarla al lado manteniendo el abdomen muy contraído. **15 veces por cada lado.**

MOTÍVATE

SIEMPRE DEBEMOS PENSAR EN LO LEJOS QUE HEMOS LLEGADO, NO EN LO QUE NOS FALTA DE CAMINO.

RUTINA 03

Implementos
Un botellón de agua y 2 botellas de agua.

Trabaja →
Brazos, pierna, abdomen, glúteo, espalda y sistema cardiovascular.

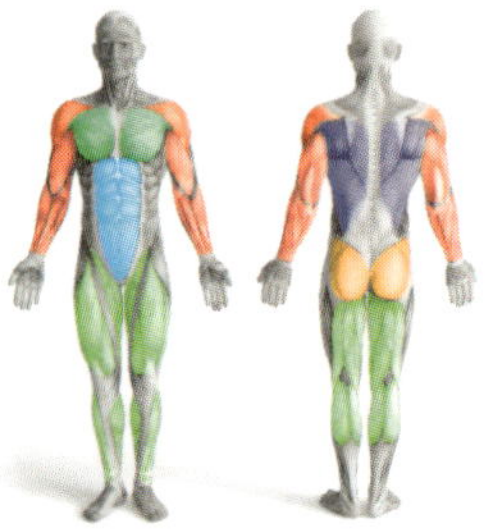

**** Realizar 3 series de cada ejercicio y descansar por 1 minuto.***

01

Boca abajo, con los pies apoyados en el piso, y las botellas de agua en las manos. Elevar los brazos estirados hacia adelante, y llevarlos atrás flexionando los codos. **20 repeticiones.**

02

Acostado boca arriba, con una rodilla flexionada, y un brazo estirado hacia atrás. Subir el brazo y la pierna contraria. **20 repeticiones de cada lado.**

Sentadilla con salto sosteniendo el botellón en las manos.
15 repeticiones.

Manos y rodillas apoyadas sobre el piso. Sosteniendo una botella grande de agua o mancuerna detrás de la rodilla. Elevar la rodilla desde el piso hasta la altura del glúteo.
20 repeticiones de cada lado.

De pie sosteniendo una botella grande de agua, con el brazo arriba, flexionar el codo subiendo y bajando la botella, cuidando que la posición del codo sea siempre la misma.
15 repeticiones por cada lado.

06

Saltar de un lado a otro subiendo la rodilla.
15 repeticiones de cada lado.

07

Apoyando las manos sobre una silla, flexionar los codos, cuidando que al bajar, estos permanezcan cerrados, lo más pegados al tronco que se pueda. **15 repeticiones.**

LLEVA TU REGISTRO

RUTINA03

Fecha	Tiempo rutina	Tiempo cardio	Rutina completa
			○
			○
			○
			○
			○
			○
			○

Boca arriba con una rodilla flexionada y la otra pierna elevada, y con un botellón de agua o mancuerna en la mano, elevar la cadera levantando los brazos simultáneamente.
15 repeticiones de cada lado.

Boca arriba con brazos y piernas estirados, y sosteniendo un botellón, sentarse recogiendo piernas y brazos, y volver a la posición inicial. **25 repeticiones.**

MOTÍVATE

EN EL FITNESS COMO EN LA VIDA DIARIA, LO QUE HOY TE DUELE, MAÑANA TE HARÁ MÁS FUERTE.

RUTINA04

Implementos
Un balón,
botellas de agua de
diferentes tamaños
o pesas libres.

Trabaja →
Abdomen, pierna,
glúteo y brazos.

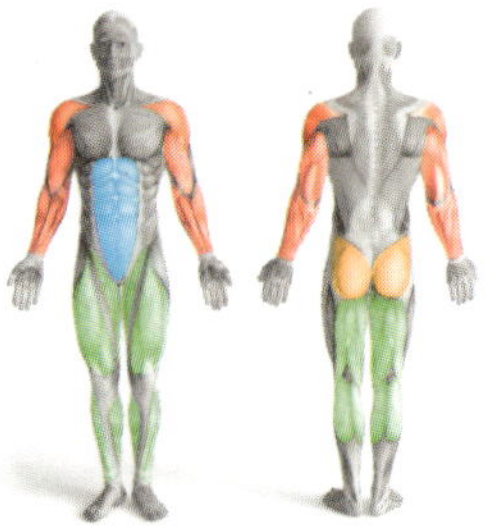

*** Realizar 4 series de cada ejercicio y trotar en el sitio por 1 minuto entre cada uno.**

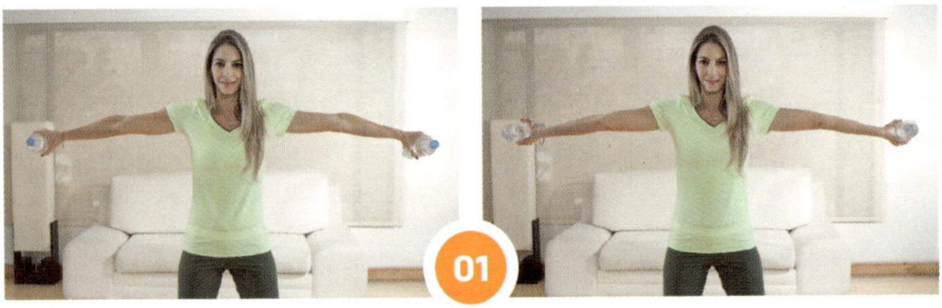

01

De pie, con los brazos extendidos hacia los lados y las botellas de agua en las manos, girar las muñecas hacia arriba y hacia abajo. **30 repeticiones.**

02

De pie, con los brazos extendidos hacia los lados y dos botellas de agua en las manos, hacer círculos hacia adelante y luego hacia atrás. **20 adelante y 20 atrás.**

De pie con las botellas en las manos, hacer un movimiento continuo de los brazos como simulando correr. **1 minuto.**

Rodillas y manos apoyadas en el piso, sosteniendo una botella grande de agua detrás de las rodillas, elevar la pierna llevándola hacia el lado. **25 repeticiones de cada lado.**

Sentado en el piso con las piernas elevadas, llevar los brazos sosteniendo las botellas, arriba y abajo de las piernas.
20 repeticiones.

Realizar una tijera y al subir, llevar los brazos hacia arriba como dibujando un círculo hacia afuera hasta unir las botellas. **20 repeticiones de cada lado.**

Boca arriba con las rodillas flexionadas y el balón en los brazos, subir el cuerpo lanzando el balón al aire y volver a la posición inicial. **30 repeticiones.**

LLEVA TU REGISTRO

RUTINA04

Fecha	Tiempo rutina	Tiempo cardio	Rutina completa
....	....	....	○
....	....	....	○
....	....	....	○
....	....	....	○
....	....	....	○
....	....	....	○
....	....	....	○

De lado, sosteniendo el balón con un brazo, juntar el balón con la punta del pie. **30 repeticiones por cada lado**.

Boca arriba, sosteniendo el balón entre los pies. Subir y bajar las piernas. **30 repeticiones.**

MOTÍVATE

TU CUERPO ES TU MEJOR VESTIMENTA, CUÍDALO.

RUTINA05

Implementos
Una silla, una toalla, botellas de agua de diferentes tamaños o pesas libres y un balón de fútbol.

Trabaja ->
Pierna, espalda, tríceps, pecho y abdomen.

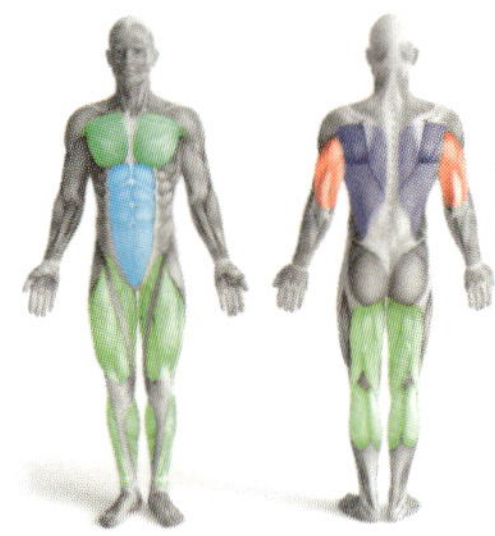

Realizar 4 series de cada ejercicio y luego trotar en el sitio durante 1 minuto.

Manos apoyadas en la silla, con los codos flexionados y la espalda lo más cerca posible a la silla. Pies sobre las toallas y rodillas flexionadas. Abrir y cerrar las piernas.
20 repeticiones.

Manos apoyadas en la silla, con los codos flexionados y la espalda lo más cerca posible a la silla. Pies sobre las toallas y rodillas flexionadas. Deslizar los pies hacia adelante y atrás. **30 repeticiones.**

03

Apoyado en el espaldar de la silla con los pies sobre las toallas, deslizar las piernas hacia los lados simultáneamente.

30 repeticiones.

04

En posición de tijera, con dos botellas de agua en las manos, dar un paso hacia adelante subiendo la pierna de atrás a la silla. Abrir los codos llevando las manos arriba y subir la otra pierna levantando la rodilla.

20 repeticiones de cada lado.

05

Pies apoyados sobre una silla, manos en el piso, llevar una mano a un hombro y después la otra. Luego, apoyarlas en el piso y terminar con una flexión.

15 repeticiones.

En puntas de pie hacia afuera, con una mancuerna pesada en la mano o un botellón de agua, realizar una sentadilla con el botellón abajo. Al subir, elevar el botellón hasta la altura de la frente.
20 repeticiones.

Rodillas abiertas al ancho de la cadera y semiflexionadas. Estirar el brazo paralelo al muslo. Sosteniendo un botellón o mancuerna, hacer un jalón hacia atrás flexionando el codo.
20 repeticiones por cada lado.

LLEVA TU REGISTRO

RUTINA05

Fecha	Tiempo rutina	Tiempo cardio	Rutina completa
....	....	....	○
....	....	....	○
....	....	....	○
....	....	....	○
....	....	....	○
....	....	....	○
....	....	....	○

08

Con las rodillas levemente flexionadas, llevar el balón de la rodilla hacia arriba y al lado como si se fuera a lanzar. Volver a la posición inicial.

20 repeticiones de cada lado.

09

Acostado boca arriba, sosteniendo el balón dentro de las rodillas, levantar la cadera y regresar a la posición inicial.

25 repeticiones.

MOTÍVATE

LOS PEQUEÑOS CAMBIOS HACEN GRANDES DIFERENCIAS.

RUTINA06

Implementos
Botellas de agua de diferentes tamaños o pesas libres y un balón.

Trabaja →
Abdomen, brazos, piernas y glúteo.

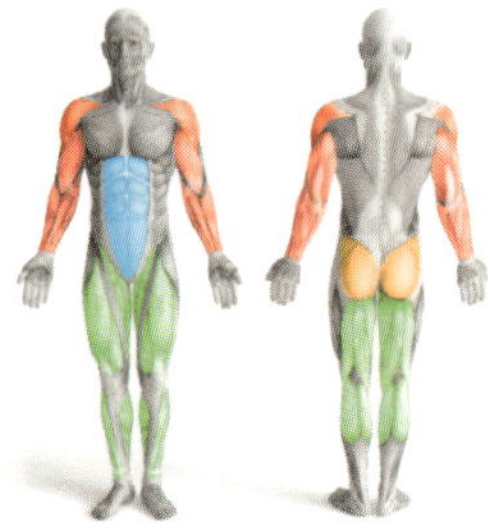

Realizar 4 series de cada ejercicio y luego saltar lazo durante 2 minutos entre cada serie.

01

Sosteniendo una botella grande de agua en las manos, hacer una tijera y llevar los brazos hacia el lado contrario de la rodilla que flexiona.
20 repeticiones de cada lado.

02

Apoyado sobre manos y rodillas colocar una botella detrás de cada rodilla. Llevar una pierna al lado, regresar a la posición inicial e inmediatamente subir la otra pierna.
15 repeticiones para cada pierna.

03

De pie, apoyado sobre una pierna y sosteniendo el balón en las manos, llevar la otra pierna hacia atrás, al mismo tiempo que se estiran los brazos hacia adelante.

15 repeticiones de cada lado.

04

Boca abajo sosteniendo dos botellas de agua en las manos y en puntas de los pies, elevar un brazo flexionando el codo y luego el otro.

15 repeticiones de cada lado.

05

Acostado en el piso hacer abdominales estáticos.

Sostener 45 segundos.

06

Sentadilla estática, sosteniendo un balón entre las rodillas. **1 minuto.**

07

De pie, con las rodillas abiertas al ancho de la cadera, piernas semiflexionadas y la espalda inclinada. Abrir los brazos sosteniendo las botellas hasta la altura de los hombros y cerrar. **25 repeticiones.**

LLEVA TU REGISTRO

RUTINA06

Fecha	Tiempo rutina	Tiempo cardio	Rutina completa
....	....	....	○
....	....	....	○
....	....	....	○
....	....	....	○
....	....	....	○
....	....	....	○
....	....	....	○

Manteniendo las piernas arriba, realizar el movimiento de bicicleta, pasando la botella de una mano a otra.
40 segundos.

Sentadillas dibujando círculos grandes con los brazos y el balón. **15 sentadillas haciendo círculos hacia un lado y 15 haciendo círculos hacia el otro.**

RUTINA07

Implementos
Un botellón de agua o pesa libre.

Trabaja →
Piernas, glúteos, espalda, lumbar y abdomen.

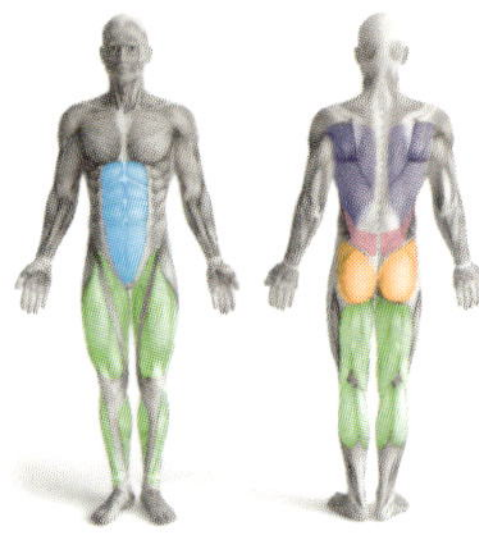

Realizar 4 series de cada ejercicio y trotar en el sitio por 2 minutos entre cada serie.

01

En posición de plancha, llevar un brazo arriba hasta la altura del hombro y luego el otro. **20 repeticiones de cada lado.**

02

Boca abajo, con las rodillas flexionadas. Elevar las rodillas del piso y sostenerlas en el aire por 3 segundos. Volver a la posición inicial. **20 repeticiones.**

De lado, con una pierna apoyada sobre la otra, subir y bajar la cadera. **20 repeticiones de cada lado.**

Apoyando las manos sobre un banco o sofá, con una pierna estirada y elevada y la otra flexionada. Bajar flexionando los codos al tiempo que se lleva la rodilla de la pierna estirada hacia el pecho. **25 repeticiones de cada lado.**

Apoyando el lumbar en un banco o sofá y manteniendo las rodillas abiertas al ancho de la cadera, recoger las rodillas al pecho y empujar. **30 repeticiones.**

06

Boca abajo sobre un banco corto o silla. Elevar las piernas y brazos simultáneamente sosteniendo arriba por 2 segundos.
30 repeticiones.

07

Apoyándo una pierna sobre un banco y la otra sobre el piso, con un botellón de agua en las manos, flexionar la pierna que está tocando el piso. **20 repeticiones por cada lado.**

LLEVA TU REGISTRO

RUTINA07

Fecha	Tiempo rutina	Tiempo cardio	Rutina completa
			○
			○
			○
			○
			○
			○
			○

Flexiones llevando el pecho hacia la izquierda y hacia la derecha.
20 repeticiones por cada lado.

De lado con una pierna elevada, llevar el botellón detrás de la cabeza flexionando los codos.
20 repeticiones por cada lado.

MOTÍVATE

HACER EJERCICIO ES UN TIEMPO PARA TI MISMO. ¡APROVÉCHALO!

RUTINA08

Implementos
Botellas de agua de diferentes tamaños o pesas libres.

Trabaja →
Abdomen, brazos, piernas y glúteo.

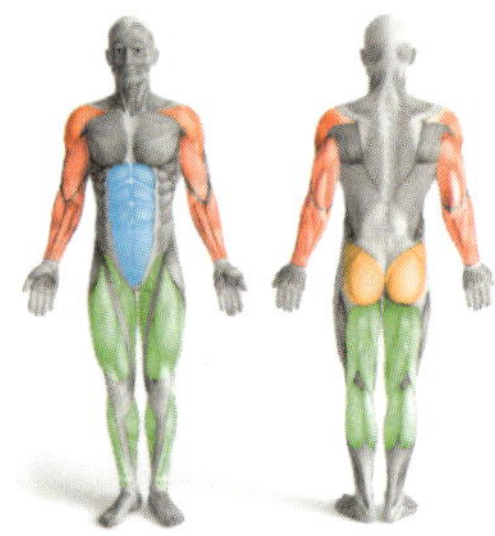

Realizar 5 series de cada ejercicio y descansar por 30 segundos entre cada una.

01

Apoyando los pies en un banco y una mano en el piso, subir y bajar la pierna. **20 repeticiones de cada lado.**

02

Apoyando los pies y las manos en el piso, girar el cuerpo de lado y levantar una mano. Regresar a la posición inicial y girar hacia el lado contrario. **15 repeticiones de cada lado.**

Sentado y tocando los pies con las manos, acostarse estirando brazos y piernas levantando la cadera. Regresar.
15 repeticiones.

Hacer tijeras apoyando una pierna sobre un banco y con botellas en las manos teniendo los codos a la altura de los hombros. Subir los brazos, al bajar con la tijera.
30 repeticiones con cada pierna.

Acostado boca abajo en un banco, elevar el brazo y la pierna contraria simultáneamente. **Hacer la cantidad de repeticiones posibles durante 1 minuto.**

Apoyando el lumbar en un banco hacer bicicleta con las piernas. **Hacer la cantidad de repeticiones posibles durante 1 minuto.**

Terminar con 15 minutos de trote o salto de cuerda.

LLEVA TU REGISTRO

RUTINA08

Fecha	Tiempo rutina	Tiempo cardio	Rutina completa
			○
			○
			○
			○
			○
			○
			○

MOTÍVATE

LOS SUEÑOS SE ALCANZAN CON DISCIPLINA, CONSTANCIA Y DEMASIADA PASIÓN.

RUTINAS AL AIRE LIBRE

BÁSICAS + AVANZADAS

Para entrenar fuera de casa pueden hacer uso de lo que tengan al alcance, desde elementos fáciles de transportar hasta la herramienta más valiosa: el propio cuerpo. Acá les mostramos cómo.

RUTINA01

Implementos
Banda elástica.

Trabaja ->
Espalda, tríceps, pecho, pierna, glúteos y sistema cardiovascular.

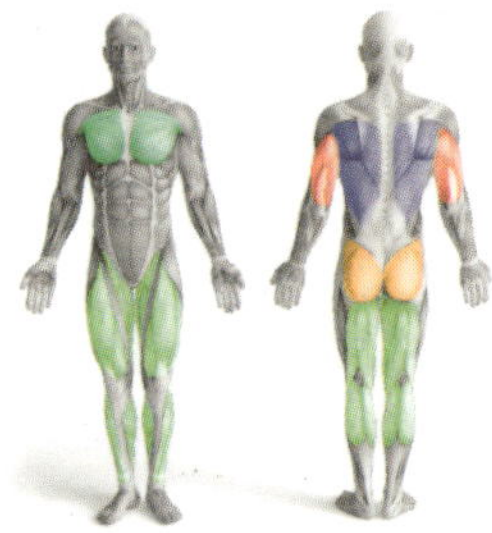

*** Repetir cada serie 3 veces y luego saltar lazo por 3 minutos entre cada serie.***

01

Apoyar una pierna flexionada en una banca y estirar la otra pierna elevando el pie.
20 repeticiones con cada pierna.

02

Pies apoyados sobre el piso, saltar al banco cayendo en las dos piernas.
15 repeticiones.

Subir una pierna al banco y levantar la otra hacia el lado.
20 repeticiones con cada pierna.

Hacer flexiones de pecho apoyando las manos sobre un banco.
15 repeticiones.

Apoyando las manos en el banco, recoger y estirar piernas.
30 repeticiones.

Hacer flexiones de pecho con los codos cerrados.
15 repeticiones.

Acostado en la banca con las piernas recogidas, subir el tronco. **30 repeticiones.**

LLEVA TU REGISTRO

RUTINA01

Fecha	Tiempo rutina	Tiempo cardio	Rutina completa
....	....	....	○
....	....	....	○
....	....	....	○
....	....	....	○
....	....	....	○
....	....	....	○
....	....	....	○

08

Amarrar la banda elástica a un poste y llevar los extremos hacia atrás flexionando los codos. **20 repeticiones.**

09

Tomar la banda elástica y halar hacia un lado manteniendo el codo arriba, como lanzando una flecha.
15 repeticiones de cada lado.

MOTÍVATE

NO COMPITAS
CONTRA LOS DEMÁS,
COMPITE CONTRA TI MISMO.

RUTINA 02

Implementos
Bandas elásticas.

Trabaja →
Espalda, pierna, glúteo, abdomen y bíceps.

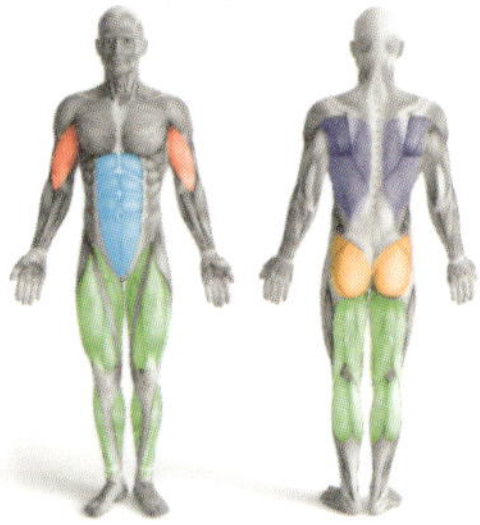

Repetir las series 4 veces y entre cada una trotar un minuto en el puesto llevando rodillas al pecho.

Con un pie entre la banda y sosteniéndola con las manos, balancear la pierna hacia afuera y hacia adentro.
20 repeticiones por cada pierna.

Pisando la banda con los pies y manteniendo los codos pegados al tronco, subir antebrazos hasta la altura de los hombros y bajar estirando los brazos completamente.
20 repeticiones.

03

Hacer una sentadilla y saltar. **15 repeticiones.**

04

Colgado de un pasamanos o barra, subir rodillas al pecho.
20 repeticiones.

MOTÍVATE

EL EJERCICIO ES EL MEJOR ANTIDEPRESIVO QUE EXISTE, Y ES GRATIS.

05

Colgar la banda de una barra y hacer una sentadilla halando la banda y abriendo los codos hacia afuera.
20 repeticiones.

06

Hacer *Jumping Jacks*.
1 minuto.

LLEVA TU REGISTRO

RUTINA02

Fecha	Tiempo rutina	Tiempo cardio	Rutina completa
....	....	....	○
....	....	....	○
....	....	....	○
....	....	....	○
....	....	....	○
....	....	....	○
....	....	....	○

MOTÍVATE

VIVE TU VIDA DÍA A DÍA, PERSIGUE TUS OBJETIVOS CON PACIENCIA, Y NUNCA TE NIEGUES LA OPORTUNIDAD DE APRENDER COSAS NUEVAS.

RUTINA 03

Implementos
Ninguno.

Trabaja →
Pierna, gluteo y abdomen.

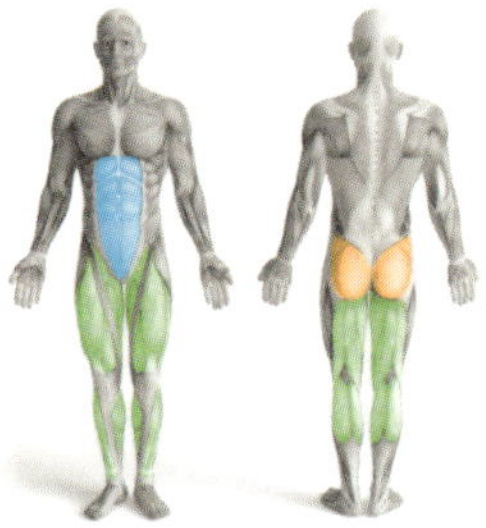

Repetir las series 4 veces y descansar por 30 segundos entre cada una.

01

Tocar la punta del pie con la mano contraria y hacer un salto leve. Hacer lo mismo del lado opuesto. **15 veces de cada lado.**

02

De lado en el piso, recoger la pierna y estirarla. **30 repeticiones de cada lado.**

03

En posición de plancha, llevar una pierna atrás y regresar.
20 repeticiones de cada lado.

04

Con las manos apoyadas en el piso, llevar una rodilla al pecho y luego la otra rápidamente. **1 minuto.**

05

Sentado en el piso, llevar el tronco y las manos a un lado y luego al otro rápidamente.
1 minuto.

06

Boca arriba con un pie apoyado en el piso y la pelvis arriba, recoger y estirar la pierna que está en el aire.

30 repeticiones por cada pierna.

07

Arrodillado, manos al frente, dejar caer el cuerpo hacia atrás y regresar.

20 repeticiones.

LLEVA TU REGISTRO

RUTINA03

Fecha	Tiempo rutina	Tiempo cardio	Rutina completa
			○
			○
			○
			○
			○
			○
			○

08

Apoyado en el piso, con las rodillas flexionadas, subir y bajar la pelvis, sosteniendo arriba por 2 segundos.
30 repeticiones.

09

Apoyando las manos en el piso, recoger y estirar una pierna hacia el lado. **30 repeticiones para cada pierna.**

MOTÍVATE

CUIDA TU CUERPO,
POR FELICIDAD, POR AUTOESTIMA, POR LOS QUE AMAS, POR TI.

RUTINA04

Implementos
Ninguno.

Trabaja →
Tríceps, glúteo, abdomen y lumbares.

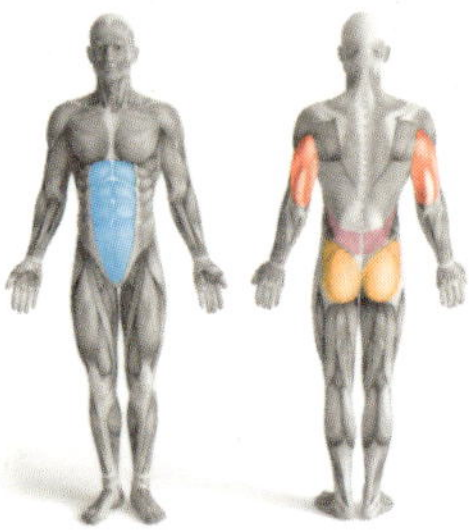

*** Repetir las series 4 veces y trotar en el sitio por un minuto entre cada una.**

01

Acostado en el piso con los brazos extendidos, levantarse, elevar los brazos y regresar. **25 repeticiones.**

02

Elevar una pierna lo más alto posible y sostenerla. **45 segundos cada una.**

03

Apoyado sobre pies y manos, con la pelvis arriba, flexionar y estirar los codos. **30 repeticiones.**

04

Acostado boca abajo, levantar piernas y brazos simultáneamente, sostener 2 segundos y bajar. **20 repeticiones.**

05

Apoyado sobre pies y manos, manteniendo las piernas estiradas, dar tres pasos hacia adelante con las manos y regresar. **20 repeticiones.**

06

Sentado, bajar el cuerpo hasta sentir buena tensión abdominal, subir hacia un lado, regresar a la posición inicial y luego subir hacia el otro. **30 repeticiones.**

07

Apoyado en pies y manos, con la pelvis arriba, caminar hacia atrás con pies y manos. **1 minuto.**

LLEVA TU REGISTRO

RUTINA04

Fecha	Tiempo rutina	Tiempo cardio	Rutina completa
....	....	....	○
....	....	....	○
....	....	....	○
....	....	....	○
....	....	....	○
....	....	....	○
....	....	....	○

08

Boca arriba, con piernas flexionadas, subir y bajar la cadera.
30 repeticiones.

09

Acostado en el piso, levantar el cuerpo y una pierna, llevando el codo contrario hacia la rodilla elevada. **30 repeticiones de cada lado.**

10

Acostado de lado, recoger y estirar las piernas. **20 repeticiones por cada lado.**

MOTÍVATE

VALORA LO QUE TIENES, SUEÑA LO QUE QUIERES Y LUCHA POR LO QUE AÚN TE FALTA.

RUTINA05

Implementos
Banda elástica.

Trabaja →
Abdomen, cintura, espalda, pecho y hombro.

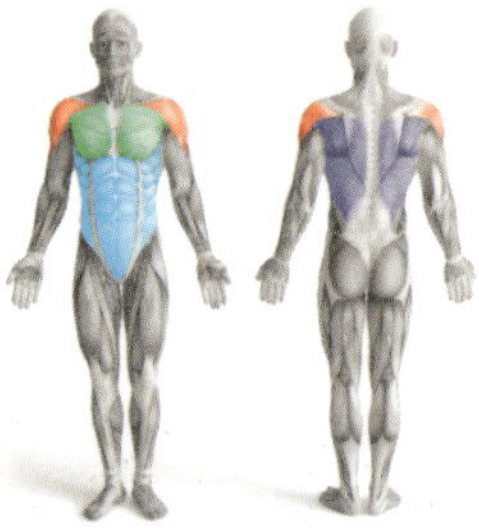

Repetir cada serie 4 veces y trotar durante 3 minutos entre cada una.

01

Colgado de un pasamanos o barra, hacer abdominales en contra de la gravedad.
20 repeticiones.

02

Colgado de un pasamanos o barra, llevar las piernas hacia arriba hasta tratar de tocar la barra con los pies.
20 repeticiones.

03

Con los pies apoyados en un banco o superficie un poco elevada y las manos apoyadas sobre el piso, hacer flexiones de pecho. **15 repeticiones.**

04

Colgado de una barra o similar, elevar el cuerpo con los brazos y volver a bajar. **De 12 a 15 repeticiones.**

05

Colgado de una barra o similar, llevar el cuerpo de un lado a otro manteniendo las piernas estiradas. **15 repeticiones de cada lado.**

06

Colgado de una barra o similar, llevar las rodillas de un lado al otro dibujando una media luna.

15 repeticiones.

07

Colgado de una barra o similar, y sosteniendo el cuerpo arriba, estirar una pierna y luego la otra.

20 repeticiones.

LLEVA TU REGISTRO

RUTINA05

Fecha	Tiempo rutina	Tiempo cardio	Rutina completa
			○
			○
			○
			○
			○
			○
			○

Con la banda amarrada a un poste o columna y parado de espalda al poste, sostener la banda con ambas manos y llevar un brazo en diagonal como quien da un puño.

20 repeticiones de cada lado.

MOTÍVATE

EL CORAJE

NO SIEMPRE GRITA. EL CORAJE ES ESA VOZ SILENCIOSA QUE AL FINAL DEL DÍA TE DICE: INTENTA OTRA VEZ MAÑANA.

RUTINA06

Implementos
Banda elástica.

Trabaja →
Tríceps, pierna y glúteo.

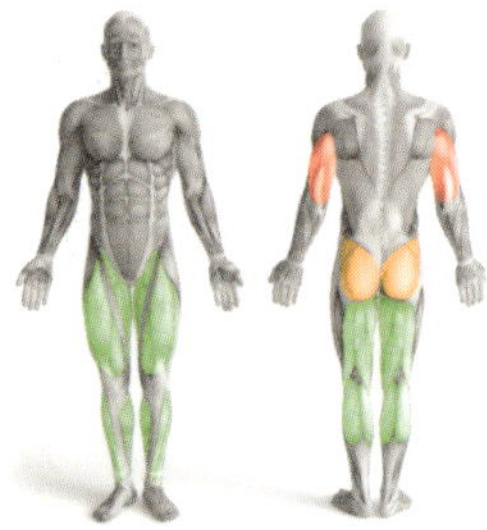

Repetir cada serie 4 veces y descansar por un minuto entre cada una.

01

Con la banda amarrada a un poste o columna y parado de frente al poste, sostener la banda con ambas manos, hacer una sentadilla bajando las bandas y después subirlas.
20 repeticiones.

02

Con la banda amarrada a un poste o columna y parado frente al poste, sostener la banda con ambas manos y con los codos pegados al tronco, hacer tijeras llevando las bandas hacia abajo.
15 repeticiones por cada pierna.

03

Apoyar las manos en un banco o similar y manteniendo los codos bien cerrados, hacer fondos.
15 repeticiones.

04

Con la banda amarrada a un poste o columna y parado frente al poste, sostener la banda con ambas manos, hacer una tijera en diagonal, al mismo tiempo que se llevan antebrazos arriba, manteniendo los codos muy pegados al cuerpo.
15 repeticiones de cada lado.

05

Apoyar un brazo en una columna y el pie en el piso, llevar la rodilla hacia el pecho y luego hacia afuera.
30 repeticiones de cada lado.

06

Apoyando una mano en una columna y el pie en el piso, recoger la pierna y patear hacia el lado y luego atrás.

20 repeticiones por pierna.

07

Hacer caminata en tijera levantando un brazo y luego el otro.

20 pasos.

LLEVA TU REGISTRO

RUTINA06

Fecha	Tiempo rutina	Tiempo cardio	Rutina completa
			○
			○
			○
			○
			○
			○
			○

08

Pisar la banda con ambos pies, sostenerla con una mano atrás. Estirar el codo y flexionarlo cuidando que siempre esté pegado a la cabeza. ⏱ **20 repeticiones.**

09

Sostener la banda 5 centímetros más abierta que el ancho de los hombros. Abrir y cerrar con las manos.
⏱ **30 repeticiones.**

RUTINAS PARA EL GIMNASIO

BÁSICAS + AVANZADAS

Divertirse haciendo ejercicio es parte esencial del método Fun2Fit, por eso recomendamos utilizar y aprovechar el mayor número de máquinas y herramientas y combinarlas en estas rutinas.

RUTINA01

Implementos
Balón, TRX
y mancuernas.

Trabaja →
Bíceps,
abdomen,
aductores,
isquiotibiales
y cuádriceps.

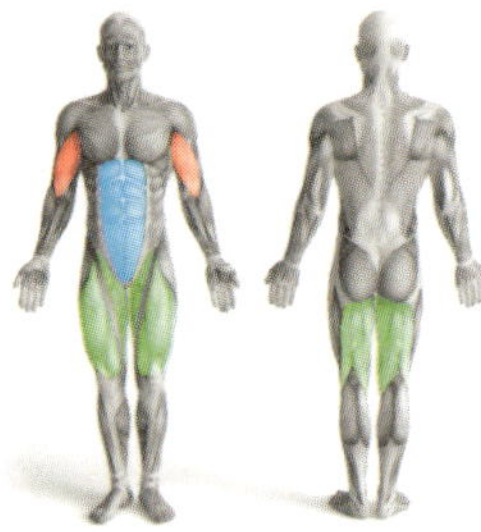

**** Realizar 4 series de cada ejercicio, descansando 15 segundos entre cada serie.***

01

Apoyado en los talones, con los pies adelante, tomar el TRX con los codos a nivel de pecho, y llevar las manos en dirección a la frente.
* Entre más adelante estén ubicados los pies, mayor el nivel de dificultad.
15 repeticiones.

02

Con un pie sobre un estribo del TRX y la mano sosteniendo el otro, flexionar la rodilla que esta sobre el piso, manteniendo la otra lo más estirada posible.
15 repeticiones por cada pierna.

Pies sobre el TRX y manos apoyadas sobre el piso, llevar las rodillas al pecho y estirar.
25 repeticiones.

Apoyando la espalda sobre el balón, y manteniendo el cuello recto, llevar las mancuernas desde la cadera hasta el pecho. **15 repeticiones.**

Pies apoyados sobre una bola, antebrazos sobre una colchoneta, codos abiertos al ancho de los hombros. Llevar las rodillas al pecho arrastrando la bola y volver atrás.
25 repeticiones.

06

Con los codos pegados al tronco, hacer una tijera, llevando las mancuernas desde la cadera hasta el hombro.

15 repeticiones por cada pierna.

07

Mantener las piernas elevadas con las rodillas flexionadas, sosteniendo un disco o mancuerna de cada lado. Subir y bajar los discos como se hace al correr.

40 segundos.

LLEVA TU REGISTRO

RUTINA01

Fecha	Tiempo rutina	Tiempo cardio	Rutina completa
....	....	....	○
....	....	....	○
....	....	....	○
....	....	....	○
....	....	....	○
....	....	....	○
....	....	....	○

Apoyado sobre un talón y los glúteos levantados, recoger y estirar la pierna que no está apoyada.

15 repeticiones por cada pierna.

MOTÍVATE

LA FUERZA NO VIENE DE LA CAPACIDAD FÍSICA, VIENE DE UNA VOLUNTAD SIN LÍMITES.

RUTINA02

Implementos
Mancuernas
y banda elástica.

Trabaja ->
Hombro,
tríceps, espalda,
abdominales y
pecho.

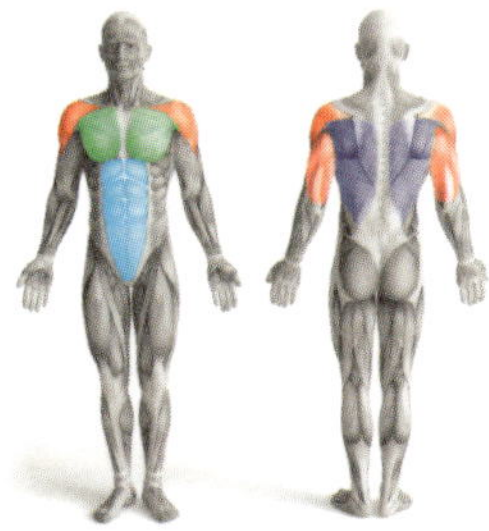

Realizar 3 series de cada ejercicio. Entre cada serie, apoyados en puntas de pie, elevar y bajar talones de forma alternada para trabajar pantorrilla por 30 segundos.

Levantar una campana o mancuerna a la altura de los hombros, sosteniéndola con ambas manos y teniendo los codos rectos.
15 repeticiones.

Sostener una mancuerna en cada brazo. Estirar uno y mantener el otro levemente contraído. Subir y bajar la mancuerna con el brazo estirado hasta la altura de los hombros.
15 repeticiones por cada brazo.

03

De pie con los codos pegados al cuerpo y las mancuernas adelante, estirar los codos, llevando las mancuernas hacia atrás.
15 repeticiones.

04

Con los brazos estirados sosteniendo las bandas, flexionar los codos, llevando las bandas hacia atrás.
15 repeticiones.

05

Con los brazos estirados sosteniendo las bandas, flexionar un codo y después el otro, llevando las bandas hacia atrás.
30 repeticiones.

Con los brazos estirados, sosteniendo la banda, llevar los brazos hacia atrás, sin flexionar los codos, al mismo tiempo que se realiza una sentadilla profunda.
15 repeticiones.

Acostado boca arriba, piernas estiradas sosteniendo las bandas, levantar el tronco al mismo tiempo que se abren los brazos. **20 repeticiones.**

LLEVA TU REGISTRO

RUTINA02

Fecha	Tiempo rutina	Tiempo cardio	Rutina completa
....	....	....	○
....	....	....	○
....	....	....	○
....	....	....	○
....	....	....	○
....	....	....	○
....	....	....	○

Acostado boca arriba sosteniendo las bandas con rodillas flexionadas, levantar el tronco al mismo tiempo que se llevan las bandas al pecho. **20 repeticiones.**

Acostado boca arriba, piernas estiradas sosteniendo las bandas, con los codos flexionados, llevar las piernas arriba y abajo. **20 repeticiones.**

MOTÍVATE

PENSAR EN IR AL GIMNASIO
QUEMA ENTRE 0 Y 0 CALORÍAS.
NO PIENSES MÁS... ¡VEEEEEE!

RUTINA03

Implementos
Diferentes máquinas del gimnasio, mancuernas y balón.

Trabaja ->
Pierna, glúteo, lumbar y abdomen.

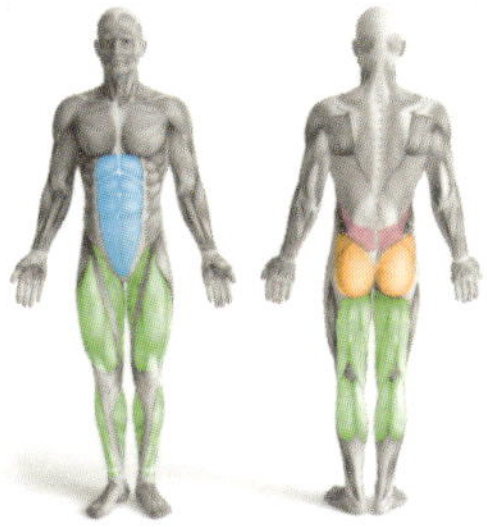

**** Repetir 4 veces cada serie y descansar por un minuto entre cada una.***

01

En la prensa, con el cuerpo levemente girado y la pierna en diagonal, flexionar y estirar la pierna.
12 repeticiones por cada lado.

02

Boca abajo, flexionar las rodillas y bajar muy lentamente.
12 repeticiones.

03

Con la espalda bien derecha, abrir las piernas y regresar controlando el movimiento.
20 repeticiones.

04

En la prensa, con las dos piernas abiertas al ancho de la cadera, recoger y empujar las piernas.
12 repeticiones.

05

Con una pierna amarrada a la polea, y sosteniendo una mancuerna con el brazo contrario, halar la polea pateando hacia adentro y llevando la mancuerna a encontrarse con la pierna.
15 repeticiones con cada pierna.

06

En la máquina de aductores, cerrar las piernas y volver a la posición inicial controlando el movimiento.

20 repeticiones.

07

Apoyando una pierna en el piso y la otra en el pedal, empujar la pierna con el pedal hacia atrás.

Repetir 20 veces.

LLEVA TU REGISTRO

RUTINA03

Fecha	Tiempo rutina	Tiempo cardio	Rutina completa
			○
			○
			○
			○
			○
			○
			○

08

Acostado con inclinación hacia abajo y un disco en las manos, subir y bajar el tronco completamente. **30 repeticiones.**

09

Apoyando pelvis y pecho en la bola y las manos en el piso, subir y bajar los brazos. **30 repeticiones.**

MOTÍVATE

RECUERDA QUE TU CUERPO OYE TODO LO QUE TU MENTE DICE. MENTE POSITIVA = CUERPO SANO.

RUTINAS FUN2FIT **PARA EL GYM BÁSICAS**

RUTINA04

Implemententos

Diferentes equipos del gimnasio, balón y bosu.

Trabaja →

Tren superior y abdomen.

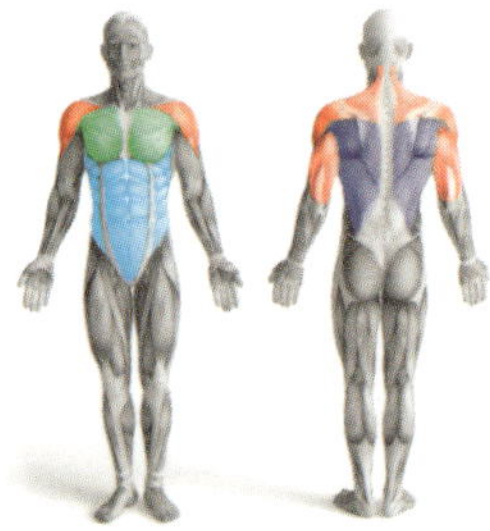

*** Realizar 4 series de cada ejercicio y trotar en el sitio por 1 minuto entre cada uno.**

Hacer vuelos de pecho con la espalda bien pegada al espaldar, abriendo y cerrando los brazos.
12 repeticiones.

Con la espalda bien derecha y los pies apoyados al frente, halar la polea hacia atrás.
15 repeticiones.

03

De pie, con los codos bien pegados al tronco, halar la polea hacia abajo.
15 repeticiones.

04

Sentado con la espalda derecha, halar la barra y llevarla hasta los hombros por detrás de la cabeza.
15 repeticiones.

05

Con la espalda inclinada hacia atrás, hacer jalones de pecho y regresar. **15 repeticiones.**

06

Acostado con inclinación hacia abajo y un disco en las manos, subir hacia un lado y después hacia el otro.
15 repeticiones.

07

Boca arriba, con brazos y piernas estirados y sosteniendo la bola con los brazos, levantar piernas y brazos simultáneamente pasando la bola de los brazos a las piernas y viceversa.
25 repeticiones.

LLEVA TU REGISTRO

RUTINA04

Fecha	Tiempo rutina	Tiempo cardio	Rutina completa
			○
			○
			○
			○
			○
			○
			○

08

Sobre un bosu, sosteniendo un balón medicinal en las manos, recoger y estirar las piernas. **30 repeticiones.**

MOTÍVATE

UNA VIDA SALUDABLE Y FIT TE HACE SENTIR MÁS FELIZ, MÁS FUERTE Y MÁS LIBRE.

RUTINA05

Implementos
Barra, mancuernas o campana.

Trabaja →
Pierna, glúteo, lumbar y *core* (centro del cuerpo).

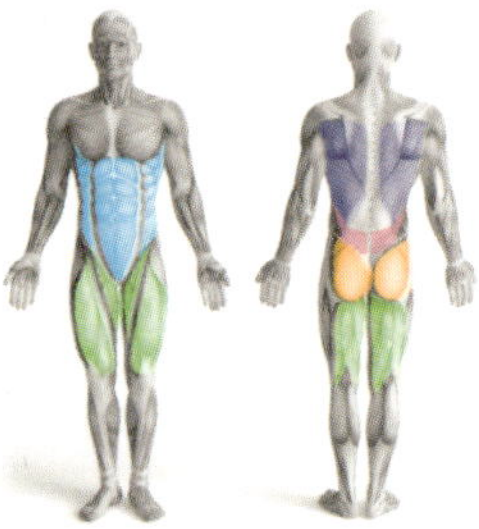

*** Realizar 4 series de cada ejercicio y entre cada serie descansar 30 segundos.**

01

Realizar tijeras con la barra en los hombros.
15 repeticiones por cada pierna.

02

Realizar una tijera con la barra en los hombros, y al levantar, elevar la pierna de atrás al terminar.
15 repeticiones con cada pierna.

03

Hacer una sentadilla con la barra en los hombros. Puede hacerse a 90° grados o más profunda para mayor dificultad.

15 repeticiones.

04

Realizar pasos hacia adelante y volver a la posición inicial. Primero con una pierna y luego la otra.

15 repeticiones por cada pierna.

05

Apoyando el antebrazo en un banco, girar el tronco hacia atrás y llevar una mancuerna o campana desde el piso hasta la altura del hombro. **15 veces por cada lado.**

Apoyando el antebrazo en un banco, llevar el codo hacia la rodilla sosteniendo la campana o mancuerna.
15 repeticiones por cada lado.

Apoyando un antebrazo y la mano del otro brazo en el banco, subir y bajar la pierna con cruzado por delante.
15 repeticiones por cada lado.

LLEVA TU REGISTRO

RUTINA05

Fecha	Tiempo rutina	Tiempo cardio	Rutina completa
			○
			○
			○
			○
			○
			○
			○

Con las manos apoyadas sobre el balón y las rodillas levemente flexionadas, empujar el balón hacia adelante, apoyar el tronco sobre ella y dejarse ir hasta tocar el piso con las manos, subiendo las piernas hasta donde el nivel de cada uno lo permita.
15 repeticiones.

Apoyar el lumbar sobre el balón y las manos en el piso, hacer un movimiento de bicicleta con las piernas.
1 minuto.

MOTÍVATE

EL EJERCICIO NO SÓLO CAMBIA TU CUERPO, SIRVE PARA DESAHOGARTE, ALEGRARTE, DESESTRESARTE Y HACERTE SALUDABLE.

RUTINA06

Implementos
Mancuernas, barra, banca y balón medicinal.

Trabaja →
Bíceps, hombro, tríceps, abdomen y espalda.

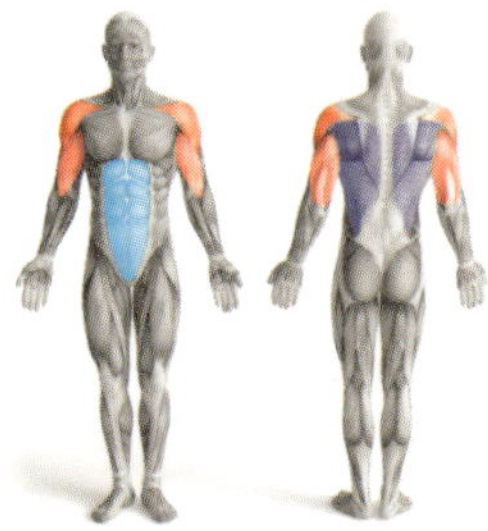

Realizar 4 series de cada ejercicio y saltar lazo durante 2 minutos entre cada una.

Con los codos flexionados y las palmas hacia arriba, llevar las mancuernas hacia fuera y hacia adentro sin despegar los codos del tronco.
15 repeticiones.

Con la barra adelante y codos estirados, elevar la barra flexionando los codos hasta la altura de los hombros.
15 repeticiones.

03

Sentado sobre una banca, llevar las piernas a un lado y después al otro elevándolas lo que más se pueda. **25 repeticiones.**

04

Realizar fondos con las piernas extendidas apoyándose sobre talones. **15 repeticiones.**

05

Con un balón medicinal levantado sobre la cabeza, flexionar los codos hacia atrás y extenderlos nuevamente. **15 repeticiones.**

06

Acostado boca arriba, piernas extendidas sobre el suelo, elevar las piernas levantando la cadera del piso y terminar con un salto.

25 repeticiones.

LLEVA TU REGISTRO

RUTINA06

Fecha	Tiempo rutina	Tiempo cardio	Rutina completa
			○
			○
			○
			○
			○
			○
			○

En una barra de dominadas, subir el cuerpo con los brazos. (Las mujeres pueden realizarlo con las rodillas flexionadas.)
12 repeticiones.

Empezando arriba en la barra, dejar descolgar el cuerpo hacia abajo lentamente manteniendo el control.
12 repeticiones.

MOTÍVATE

NO DEJES DE IR A ENTRENAR, NO TE QUITA NI EL 10% DE TU DÍA, PERO SÍ TE APORTA 100% DE SATISFACCIÓN.

RUTINA 07

Implementos
Pesas libres,
barra y bola.

Trabaja ->
Piernas, glúteos,
espalda, lumbar
y abdomen.

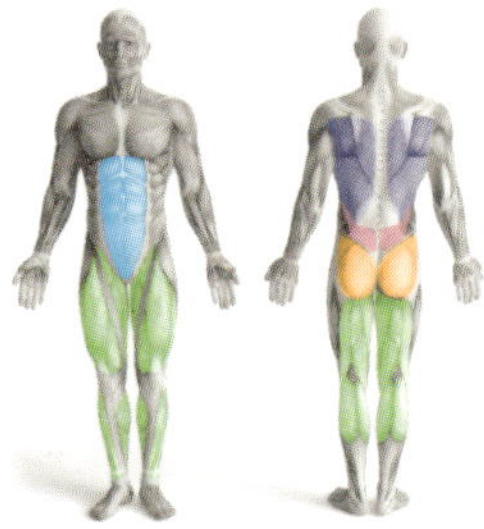

Repetir cada serie 4 veces y descansar por un minuto entre cada una.

01

Sobre un banco o similar, sosteniendo las mancuernas en las manos subir una pierna, y al estar arriba llevar la otra al pecho y regresar.
20 repeticiones con cada pierna.

02

Con las mancuernas en la mano, hacer una sentadilla y bajar hasta tocar el banco con los glúteos.
20 repeticiones.

03

Acostado boca abajo en un banco o similar, sosteniéndose con las manos, elevar las piernas, sostener 2 segundos y regresar. (Puede realizarse con pesas en tobillos si se desea.)

25 repeticiones.

04

Con mancuernas en las manos, dar zancadas en diagonal y regresar.

20 repeticiones con cada pierna.

05

Sosteniendo una mancuerna en las manos, inclinar el tronco hacia adelante llevando la pesa abajo y volver.

20 repeticiones.

06

Apoyado en manos y rodillas, sostener una pesa detrás de las rodillas. Subir y bajar la pierna.

20 repeticiones por cada pierna.

07

Sosteniendo una barra en los hombros, hacer una caminata realizando una tijera con cada pierna y luego una sentadilla.

10 repeticiones.

LLEVA TU REGISTRO

RUTINA07

Fecha	Tiempo rutina	Tiempo cardio	Rutina completa
			○
			○
			○
			○
			○
			○
			○

08

Sentado en el piso, lanzar la bola de los pies a las manos y viceversa manteniendo las piernas elevadas.
15 repeticiones.

09

En un abdominal sostenido, con la bola dentro de las rodillas, apretar y soltar la bola.
30 repeticiones.

MOTÍVATE

VIVIR UNA VIDA FIT, TE DA UNA MEJOR VERSIÓN DE TI MISMO.

RUTINA 08

Implementos
Pesas libres.

Trabaja →
Hombro, espalda, tríceps, bíceps, abdomen y pecho.

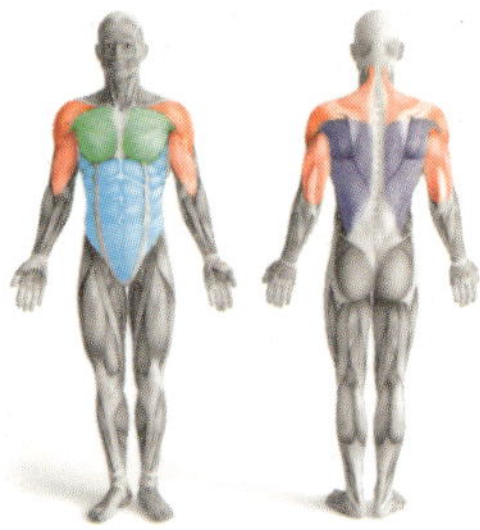

Repetir cada serie 4 veces y descansar por un minuto entre cada una.

Con mancuernas en las manos y la espalda inclinada hacia abajo, llevar las mancuernas hacia atrás flexionando los codos.
20 repeticiones.

Sostener una mancuerna con un brazo por detrás de la cabeza, y sin mover el codo, subir y bajar la mancuerna.
15 repeticiones con cada brazo.

Sosteniendo las mancuernas con las dos manos y los codos cerrados, abrir los codos llevando las mancuernas hasta la altura de los hombros. ⏱ **20 repeticiones.**

Con mancuernas en las manos y los codos pegados al tronco, subir las mancuernas hasta el nivel de los hombros y regresar hasta las piernas. ⏱ **15 repeticiones.**

Sostener las mancuernas al nivel de los hombros y estirar los brazos hasta arriba de la cabeza, regresar a la posición inicial. ⏱ **15 repeticiones.**

06

Apoyado sobre un solo pie, elevar las mancuernas hasta la altura de los hombros y regresar.
12 repeticiones con cada pierna.

07

Apoyado en una pierna, con los codos al nivel de los hombros, abrir y cerrar las mancuernas.
12 repeticiones de cada lado.

LLEVA TU REGISTRO

RUTINA08

Fecha	Tiempo rutina	Tiempo cardio	Rutina completa
....	....	....	○
....	....	....	○
....	....	....	○
....	....	....	○
....	....	....	○
....	....	....	○
....	....	....	○

Apoyado en una pierna, subir y bajar las mancuernas.
12 veces de cada lado.

Acostado con inclinación hacia abajo, subir el tronco y las mancuernas.
20 repeticiones.

Acostado boca arriba, con la pelvis levantada, agarrado de la barra estirar piernas y flexionar rodillas.
20 repeticiones.

EL MÉTODO fun2fit

CAP04

Cómo alimentar un cuerpo fit

Aprender a comer no significa seguir filosofías estrictas de nutrición ni tampoco se refiere a mantenerse extremadamente delgado. Se trata de lucir y sentirse bien teniendo más energía y manteniéndose lo más saludable posible. Lo importante es descubrir lo que le funciona a cada persona y saber elegir los alimentos correctos y las horas adecuadas para consumirlos.

Por ejemplo, la alimentación de un atleta de alto rendimiento, no puede, ni debe, ser igual que la de una persona con actividad física moderada, y menos a la de una persona sedentaria.

DEFINICIONES QUE TODA PERSONA FIT DEBE SABER

CALORÍAS

Las calorías son la unidad de medida que se usa para saber la cantidad de energía que nos aportan los alimentos y son necesarias porque nos proporcionan el combustible que nuestro organismo requiere para funcionar adecuadamente.

Existen 4 elementos que proporcionan calorías, pero de estos sólo 3 aportan nutrientes:

- Carbohidratos
- Proteínas
- Grasas
- Alcohol (no aporta nutrientes, son calorías vacías)

1 gramo de carbohidrato	4 calorías
1 gramo de proteína	4 calorías
1 gramo de grasa	9 calorías
1 gramo de alcohol	7.6 calorías

METABOLISMO

El metabolismo es la transformación de las calorías que consumimos en energía. Éste actúa permanentemente, mientras comemos, trabajamos, dormimos, etc. Sin embargo, no siempre trabaja a la misma velocidad.

Las personas que tienen buena masa muscular y poca grasa en el cuerpo tienen un metabolismo más rápido, ya que los músculos utilizan muchas calorías para mantenerse activos y en forma.

Las personas que tienen un metabolismo lento acumulan grasa en el cuerpo y tienen muchas dificultades para bajar de peso.

¿Cómo trabaja el metabolismo?

El metabolismo se basa en la comida que ingerimos, ya sea esta de origen vegetal o animal. Para este fin, el páncreas y la glándula tiroides generan enzimas digestivas, ellas transforman los alimentos en:

- » Azúcar
- » Aminoácidos
- » Ácidos grasos

Estos alimentos son transportados a todas las células de nuestro cuerpo a través de la sangre.

Nuestro metabolismo funciona con mayor velocidad en la medida en que tenemos más masa muscular. Los músculos queman grasa permanentemente, incluso cuando no se está haciendo ningún ejercicio.

Una masa muscular pobre nos lleva a tener un metabolismo lento y a acumular grasa en el cuerpo.

Otros factores que influyen en nuestro metabolismo son los siguientes:

» Edad. A medida que envejecemos nuestro metabolismo se vuelve más lento debido a que perdemos masa muscular. Después de los 20 años de edad perdemos un 2% de masa muscular en cada década.

» Género. Los hombres tienen más masa muscular que las mujeres, esto significa que el metabolismo de las mujeres es más lento.

» Estatura. Las personas altas por lo general tienen el metabolismo más activo y necesitan más calorías para mantenerse con energía.

» Hábitos alimenticios. El metabolismo se activa si comemos más veces al día. Si por el contrario, pasamos hambre se volverá lento y almacenará toda la grasa que le sea posible. Esta es la razón por la cual muchas personas que no comen con el fin de bajar de peso, no logran su objetivo.

» Nivel de ejercicio. A mayor nivel de ejercicio, mayor gasto calórico y, por lo tanto, el metabolismo se acelera.

Tips para acelerar el metabolismo:

Para bajar de peso o simplemente cuidar la salud es importante estimular nuestro metabolismo.

» Nunca saltarse el desayuno
» Tomar una taza de café en la mañana
» Comer cada 3 horas
» Incluir proteína en todas las comidas
» Hacer ejercicio regularmente
» Dormir por lo menos 7 horas diarias
» Incluir pesas en el entrenamiento
» Tomar té verde
» Tomar agua
» Consumir fibra

ÍNDICE GLICÉMICO

Capacidad que tiene un alimento de aumentar los niveles de insulina en la sangre.

Entre mayor sea el índice glicémico de un alimento, más sube el nivel de azúcar en la sangre.

CARBOHIDRATOS COMPLEJOS

Son alimentos que aportan energía gradual y prolongada, y además mantienen controlados los niveles de azúcar en la sangre. También son altos en fibra, nos dan saciedad y nos ayudan con la digestión.

Ejemplos:

- » Avena en hojuelas
- » Arroz
- » Pasta
- » Pan integral
- » Lentejas
- » Salvado
- » Cereales integrales

CARBOHIDRATOS SIMPLES

Los carbohidratos simples son descompuestos rápidamente por el cuerpo para ser usados como energía, aumentando la producción de azúcar en la sangre. Proveen energía inmediata pero de duración corta.

Ejemplo:

- » Miel
- » Leche
- » Azúcar refinada
- » Frutas
- » Pan blanco
- » Tortas
- » Pasteles

MENÚ DE UN DÍA FIT

1. DESAYUNO:

PROTEÍNA + CARBOHIDRATO SIMPLE O COMPLEJO + CAFÉ O TÉ

2. SNACK:

PROTEÍNA O CARB COMPLEJO O SIMPLE

3. ALMUERZO:

PROTEÍNA + CARBOHIDRATO COMPLEJO + VERDURAS

1. SNACK:

PROTEÍNA

2. CENA:

PROTEÍNA + VERDURAS VERDES O BLANCAS

ALIMENTACIÓN PRE Y POST ENTRENAMIENTO PARA *FITNESS*

De la alimentación pre y post entrenamiento depende la efectividad y el logro de objetivos que se trazan en un plan de ejercicio.

El objetivo de una alimentación de *fitness* es ganar y/o tonificar masa muscular y quemar grasa; diferente al objetivo, por ejemplo, de un atleta de alto rendimiento.

PRE-ENTRENAMIENTO (ENTRE DOS HORAS Y MEDIA HORA ANTES)

» Comer un carbohidrato complejo que da energía prolongada y sube el nivel de insulina lentamente por lo que permite la quema de grasa.

» Nunca comer carbohidratos simples ya que inhiben la quema de grasa.

» Nunca entrenar en ayunas porque se corre el riesgo de consumir la masa muscular.

POST-ENTRENAMIENTO (CUARENTA MINUTOS DESPUÉS DE ENTRENAR)

En este periodo de tiempo y después del entrenamiento de fuerza se produce la ventana anabólica en la que el músculo alcanza su mayor potencial de crecimiento ya que sus fibras están rotas y absorben fácilmente los nutrientes. Por eso recomendamos consumir lo siguiente en esta etapa:

» Proteína de suero absorción rápida (*whey protein*) + carbohidrato simple o complejo (20 gramos).

Para las personas que no consumen whey protein lo más recomendable son claras de huevo cocidas más el carbohidrato. Para los vegetarianos, suplementos de proteína vegetal.

05

EL MÉTODO fun2fit

CAP05

Recetas Fun2Fit

Desayuno

Palitos de canela

PORCIÓN 202 CALORÍAS

1 PORCIÓN

- 2 tajadas de pan integral sin azúcar
- 2 claras de huevo
- 3 cucharadas de leche de almendras sin azúcar
- ½ cucharadita de Stevia
- ½ cucharadita de vainilla
- ½ cucharadita de canela
- ½ manzana cortada en rodajas

Mezclar todos los ingredientes excepto la manzana y el pan.

Remojar las tajadas por 20 segundos en la mezcla.

Cocinar en una sartén de teflón 20 segundos y después pegar las dos rebanadas y cocinar las dos tapas por 30 segundos cada una.

Cortar cada tostada pegada en tres, formando palitos.

Aparte, asar las manzanas en una sartén, poniéndoles un poco de canela encima.

Poner las manzanas sobre los palitos.

Si quieren pueden agregar algún tipo de sirope sin azúcar.

Huevos al horno

PORCIÓN 197 CALORÍAS

1 PORCIÓN

- 1 huevo completo
- 2 claras de huevo
- ¼ de tomate en cuadritos
- 1 tajada de pechuga de pavo en cuadritos
- 1 tajada de queso blanco sin grasa
- 1 champiñón grande en láminas

Precalentar el horno a 350 °F.

Mezclar todos los ingredientes con una pizca de sal y pimienta.

Ponerlo en un molde individual y llevarlos al horno por 20 minutos o hasta que estén doraditos.

CALORÍAS PORCIÓN 148

Omelette italiano

1 PORCIÓN

- 1 huevo entero
- 1 clara de huevo
- ¼ de tomate en cuadros
- 1 pizca de albahaca
- 1 pizca de orégano
- 1 cucharadita de queso mozzarella
- 1 tajada de jamón de pavo en cuadritos
- Una pizca de sal y pimienta

Llevar las claras de huevo batidas con la sal y la pimienta a la sartén, previamente engrasada con unas gotas de aceite de oliva. Cuando estén casi cocidas, poner el resto de ingredientes en el centro. Cerrar el *omelette* y dejar cocinar.

CALORÍAS PORCIÓN 306

Torta de avena al microondas

1 PORCIÓN

- ⅓ taza de avena
- 1 huevo
- Stevia al gusto o endulzante sin calorías
- ¼ cucharadita de canela
- Una pizca de polvo para hornear
- 2 cucharadas de leche de almendras

Mezclar todos los ingredientes y engrasar un molde pequeño con unas gotas de aceite de oliva o de coco. Vertir la mezcla en el molde y llevar al microondas por 1 minuto y medio. Comer inmediatamente. Como opción pueden agregar ¼ cucharadita de cocoa sin azúcar a la mezcla.

365 CALORÍAS / PORCIÓN

Waffle de almendra

1 PORCIÓN

- 4 claras de huevo y una yema
- 3 cucharadas de harina de almendra
- ¼ de taza de leche de almendras
- Una pizca de polvo para hornear
- Stevia o endulzante sin calorías al gusto

Licuar los ingredientes hasta que no haya grumos, poner la mezcla en la wafflera y tapar.
Dejar unos minutos en la wafflera hasta que estén doraditos y retirar.
Servir en el plato con fruta fresca y un poco de sirope sin azúcar.

CALORÍAS PORCIÓN 147

Arepa de quinua con ajonjolí

1 PORCIÓN

- ¼ de taza de harina de quinua
- 1 cucharada de queso blanco bajo en grasa rallado
- 1 cucharadita de ajonjolí
- Una pizca de sal

Mezclar los ingredientes con un poco de agua hasta que quede una mezcla moldeable. Hacer una bola con la masa usando las manos. Aplanar para dar forma de arepa y poner en una parrilla o sartén antiadherente hasta que se cocine.

CALORÍAS PORCIÓN 232

Pancake de avena (receta básica)

4 PORCIONES

- 4 claras de huevo
- 3 cucharadas de avena en hojuelas
- Una pizca de polvo para hornear
- Stevia o endulzante sin calorías al gusto

Licuar todos los ingredientes. Dividir la mezcla en cuatro e ir poniéndola en una sartén antiadherente a fuego medio hasta que salgan huequitos y voltear. Una vez dorado por ambos lados, servir.

Se puede variar la receta básica añadiendo los siguientes ingredientes a la mezcla :

- 1 cucharadita de esencia de vainilla
- 1 cucharadita de canela en polvo
- 1 cucharadita de cacao en polvo sin azúcar
- 1 banano
- ½ taza de zanahoria rallada
- ¼ de manzana roja
- 1 cucharada de arándanos
- 1 cucharada de chips o trocitos de chocolate negro (sin azúcar)

Almuerzo

CALORÍAS PORCIÓN 207

Pollo apanado con avena y queso parmesano

4 PORCIONES

- 4 filetes de pechuga de pollo delgadas
- 3 claras de huevo batidas con una pizca de sal y pimienta
- ¼ de taza de queso parmesano
- ½ taza de harina de avena (avena molida)
- ½ cucharadita de ajo rallado
- Una pizca de sal y pimienta

Mezclar todos los ingredientes menos el pollo y los huevos.

Mojar las pechugas en las claras de huevo, inmediatamente pasarlas por la mezcla seca de los demás ingredientes hasta que queden bien cubiertas.

Llevarlas a una sartén de teflón previamente engrasada con aceite de oliva.

Cocinar las pechugas por ambos lados hasta que doren.

CALORÍAS PORCIÓN 244

Salmón con naranja

3 PORCIONES

- 1 filete de salmón de 3 libras sin piel
- 1 naranja partida en rodajas delgaditas
- 1 limón partido en rodajas delgaditas
- 1 cucharada de tomillo (opcional)
- Sal y pimienta al gusto

Precalentar el horno a 350°F.

Condimentar el salmón con sal, pimienta y tomillo.

Poner el salmón en un molde para hornear, y agregar encima las rodajas de naranja y limón.

Hornear cubierto con un papel aluminio por 20 minutos o hasta que esté listo.

CALORÍAS x PORCIÓN **179**

Róbalo al horno

4 PORCIONES

- **Calorías por porción con chile en polvo: 191**
- **Calorías por porción sin chile en polvo: 179**

- 4 filetes de róbalo (o pescado blanco a su gusto)
- 3 dientes de ajo
- 1 cucharadita de jengibre rallado
- 1 cucharadita de mostaza
- 1 cucharadita de orégano
- 1 cucharadita de pimienta negra molida
- 1 cucharadita de chile en polvo (opcional)
- 1 cucharadita de paprika

Precalentar el horno a 400 °F.

Combinar todos los ingredientes, excepto el pescado en una taza. Pasar el pescado por esta mezcla dejándolo marinar muy bien. Llevar el pescado a un molde para hornear.

Poner el resto del adobo sobre los filetes.

Hornear por 20 minutos, o hasta que esté cocido.

CALORÍAS x PORCIÓN **259**

Quinua con coco

4 PORCIONES

- 1 taza de quinua
- 1 coco pequeño
- 3 cucharadas de uvas pasas
- Stevia al gusto
- 3 tazas de agua
- Una pizca de sal

Lavar la quinua con agua fría y luego con agua caliente. Licuar el coco con 3 tazas de agua y pasarlo por un colador hasta sacar 2 tazas de leche de coco.

Cocinar la quinua en la leche de coco a fuego alto: 1 taza de quinua por 2 tazas de leche de coco. Agregar la sal, la Stevia y las uvas pasas. Cuando la leche empiece a secar, bajar el fuego y tapar hasta que esté completamente cocida.

PORCIÓN 295 CALORÍAS

Wok de pollo con vegetales

4 PORCIONES

- **Calorías por porción con pollo: 295**
- **Calorías por porción con lomo de res: 317**
- **Calorías por porción con langostinos: 373**

- 2 pechugas de pollo en cuadritos
- Una taza de raíces chinas
- ¼ de taza de pimentón rojo en julianas
- ¼ de taza de pimentón amarillo en julianas
- ½ taza de champiñones en láminas
- Una cebolla cabezona cortada en julianas
- 4 huevos
- 4 cucharadas de salsa de soya baja en sodio

A fuego alto, en un wok o sartén antiadherente previamente engrasada con unas gotas de aceite de oliva, cocinar el pollo y la cebolla. Luego agregar todas las verduras, cocinar por 3 minutos, agregar los huevos ya revueltos y añadir la soya. Revolver por 2 minutos más a fuego lento y servir.

Esta receta también se puede preparar usando lomo de res o langostinos.

PORCIÓN 343 CALORÍAS

Cazuela de tomate con pollo

4 PORCIONES

- 2 pechugas de pollo
- 8 tomates rojos
- ½ cebolla morada
- 1 diente de ajo
- 1 aguacate en cuadritos
- Una taza de maíz tierno
- Una cucharada de salsa soya baja en sodio

Cocinar en agua la pechuga previamente adobada con pimienta y salsa soya, y en el agua que queda cocinar los tomates sin pelar. Cuando estén cocidos se les quita la cáscara y se ponen en una sartén antiadherente con la cebolla y el ajo hasta que quede un puré. Este se licúa junto con el agua del pollo hasta que parezca una crema. Se pasa a la mesa con el pollo desmenuzado, el aguacate y el maíz.

PORCIÓN 305 CALORÍAS

Arroz integral con mariscos

4 PORCIONES

- **Calorías por porción con langostinos: 305**
- **Calorías por porción con camarones: 263**

-> ½ libra de langostinos o camarones
-> ½ libra de calamares
-> ½ libra mejillones
-> ½ libra de pulpo
-> ½ pimentón rojo
-> 1 cebolla cabezona
-> ½ taza de zanahoria rallada
-> Una taza de arroz integral
-> Una cucharadita de sal
-> Una cucharadita de aceite de oliva

Cocinar el arroz en tres tazas de agua con la sal y el aceite de oliva. Saltear en el wok, previamente engrasado con aceite de oliva, el pimentón, la cebolla y la zanahoria. Aparte cocinar los mariscos en una sartén antiadherente engrasada con gotas de aceite de oliva. Cuando todo esté cocido mezclar el arroz con los frutos de mar y las verduras y revolver en el wok por unos segundos. Servir inmediatamente.

PORCIÓN 512 CALORÍAS

Lasaña sin pasta

1 PORCIÓN

- **Calorías por porción con queso sin grasa y carne molida baja en grasa: 512**
- **Calorías por porción con queso sin grasa y verduras: 317.5**

-> ½ calabacín verde
-> ½ calabacín amarillo
-> 4 rodajas de berenjena
-> ½ pimentón rojo en tiras
-> Una lata de tomate en cuadritos
-> ½ pechuga de pollo sin grasa
-> Orégano, sal, pimienta, laurel y tomillo al gusto
-> 4 hojas de albahaca
-> Una cucharadita de vinagre balsámico
-> Una taza de queso sin grasa rallado o queso de almendra

Precalentar el horno a 350 °F.

Asar las verduras en una sartén muy caliente, con unas gotas de aceite de oliva.

Adobar la pechuga con orégano, sal, pimienta, tomillo y laurel.

Cocinar la pechuga y desmecharla.

Mezclar los tomates con vinagre, sal y pimienta.

En una refractaria, poner primero las berenjenas, luego el pollo, el queso y algo de la salsa de los tomates. Después añadir los calabacines, y nuevamente los demás ingredientes formando una lasaña. Cubrir con queso y hornear por 20 minutos.

Este plato se puede hacer con carne molida baja en grasa o solo con verduras.

Cena

198 CALORÍAS · PORCIÓN

Pechuga de pollo con almendras

4 PORCIONES

- 4 filetes de pechuga de pollo
- 4 cucharadas de almendras picadas
- Una cucharada de ralladura de limón
- Una cucharadita de perejil picado
- ½ cucharadita de sal
- ½ cucharadita de pimienta
- ½ cucharada de aceite de oliva
- ½ cebolla blanca picada
- Una cucharada de zumo de limón
- Una cucharadita de mostaza

Adobar las pechugas con la mostaza, la sal, la pimienta y el zumo de limón.

Saltear en aceite de oliva la cebolla con las almendras, hasta que la cebolla este transparente. Añadir el perejil.

Ponerlo en un plato aparte.

En la misma sartén, dorar las pechugas por lado y lado, hasta que estén cocidas.

Servir poniendo encima la mezcla de almendras y cebolla, y el perejil.

CALORÍAS PORCIÓN 109

Wrap de claras con orégano

1 PORCIÓN

- **Calorías por porción con yogur griego: 109**
- **Calorías por porción sin yogur griego: 107**

- 3 claras de huevo
- ½ taza de pollo desmenuzado (cocido)
- 3 rodajas de tomate
- Una hoja de lechuga
- 2 rodajas de cebolla morada
- ½ cucharadita de mostaza
- ½ cucharadita de yogur griego natural sin dulce (opcional)
- Una pizca de sal
- Pimienta al gusto
- ¼ cucharadita de orégano

Mezclar las claras con el orégano, la sal y la pimienta.

Llevarlos a la sartén de teflón en una capa muy delgada. Cuando esté cocido por un lado voltearlo hasta que se cocine completamente.

Retirarlo del fuego y ponerlo en un plato. Rellenarlo con el pollo, la cebolla, el tomate y la lechuga, mezclar el yogur con la mostaza y ponerle esta salsa.

Enrollar y listo.

CALORÍAS PORCIÓN 343

Hamburguesa de atún

1 PORCIÓN

- **Calorías por porción con atún y cebollín: 196.5**
- **Calorías por porción con pescado y cebollín: 164.5**
- **Calorías por porción con pescado y cebolla larga 163.9**
- **Calorías por porción con carne de cangrejo y cebollín: 199.5**

- Una lata de atún en agua escurrido
- Una clara de huevo
- Una cucharada de avena molida
- Una cucharada de cebollín o cebolla larga cortada
- ½ cucharadita de ajo triturado

Mezclar todos los ingredientes, armar las hamburguesitas y llevar al sartén de teflón engrasado con unas gotas de aceite de oliva.

Cocinar hasta que estén listas.

Esta receta puede hacerse también con cangrejo o pescado.

PORCIÓN 92 CALORÍAS

Torta de espinaca

4 PORCIONES

- 4 huevos
- ½ tomate rojo picado finamente
- ¼ de cebolla cabezona picada finamente
- Una cucharadita de aceite de oliva
- Una taza de espinaca cortada en tiras.
- Sal al gusto

Revolver bien los huevos. Poner a dorar a fuego lento el tomate y la cebolla en una sartén antiadherente engrasada con el aceite de oliva. Añadir las espinacas sin revolver. Voltear cuando esté dorado por debajo y hacer lo mismo con el otro lado. Servir.

PORCIÓN 444 CALORÍAS

Tacos en hojas de lechuga

4 PORCIONES

- Una lechuga Batavia
- 4 medallones de lomo de res en julianas
- 1 aguacate en cuadritos
- Una taza de queso blanco sin grasa rallado
- 1 cebolla morada en láminas finas
- 2 tomates rojos en cuadritos
- Una cucharadita de cilantro
- Una cucharadita de aceite de oliva
- Una cucharada de salsa soya baja en sodio
- Una taza de fríjol negro licuado

Dorar la cebolla en una sartén antiadherente engrasada con aceite de oliva. Agregar la cucharada de aceite de oliva, el lomo de res, el cilantro y la salsa soya hasta que quede en el término deseado.
Separar las hojas de lechuga y pasar a la mesa para armar el taco con el aguacate, el tomate, el queso y el fríjol.

CALORÍAS X PORCIÓN 177

Champiñones rellenos

1 PORCIÓN

- 4 champiñones grandes enteros
- ¼ pechuga de pollo cocida y desmechada
- ¼ de cebolla cabezona cortada finamente
- Una cucharada de crema de leche *light*
- 2 cucharadas de queso blanco bajo en grasa
- 2 tajadas de tomate seco picado
- ¼ de pimentón cortado
- Una cucharadita de pimienta negra
- Una cucharadita de aceite de oliva

Quitarle el relleno a los champiñones.

En una sartén antiadherente engrasada con el aceite de oliva, saltear con la cebolla, el pollo desmenuzado, el pimentón, y el relleno de los champiñones cortados.

Rellenar los champiñones con la mezcla y adicionar la crema de leche, los tomates y el queso por encima . Gratinar en el horno precalentado a 250 °F por 10 minutos, o hasta que se vea dorado.

CALORÍAS PORCIÓN 123

Zucchinis al horno

2 PORCIONES

- **Calorías por porción con queso parmesano: 123**
- **Calorías por porción con queso de almendra: 94**
- **Calorías por porción con queso parmesano y pollo: 221**
- **Calorías por porción con queso de almendra y pollo: 192**
- **Calorías por porción con queso parmesano y carne desmechada: 327**
- **Calorías por porción con queso de almendra y carne: 298**

→ 2 zucchinis medianos
→ 2 tomates
→ ¼ taza de queso parmesano o queso de almendras rallado

Precalentar el horno a 350 °F.
Abrir los zucchinis por la mitad, poner el resto de los ingredientes encima, con una pizca de sal y pimienta.
Llevar al horno por 20 minutos.

Se puede variar la receta básica añadiendo pollo desmechado o carne (ya preparadas) a los zucchinis.

MOTÍVATE

SENTIRSE FELIZ

CADA DÍA Y SONREÍR ES PARA NOSOTRAS UNO DE LOS RESULTADOS MÁS VALIOSOS DE LLEVAR UNA VIDA LLENA DE HÁBITOS SALUDABLES.

Snacks

CALORÍAS X PORCIÓN 295

Batido de mora y piña

1 PORCIÓN

- Una taza de yogur griego natural sin dulce y sin grasa
- Una cucharada de mantequilla de almendras
- ½ taza de moras
- ½ taza de piña cortada en cuadritos
- ¼ taza de agua
- Stevia al gusto
- Hielo

Lavar muy bien todas las frutas. Licuar todos los ingredientes y servir en un vaso.

CALORÍAS PORCIÓN 117

Pancakes de coco y almendra

4 PORCIONES

- 4 claras de huevo
- 6 cucharadas de harina de coco
- Una cucharadita de esencia de coco
- ½ taza de almendras tajadas
- Una pizca de polvo para hornear
- Stevia o endulzante sin calorías al gusto
- ¼ de taza de leche de almendras sin azúcar

Licuar todos los ingredientes menos las almendras, poner en una sartén antiadherente cada porción y agregar almendras tajadas por encima. Voltear cuando sea fácil despegarlo y cocinar hasta que esté doradito.

CALORÍAS PORCIÓN 267

Muffins de manzana y canela

5 PORCIONES

- Una taza de avena molida
- Una taza de harina de almendras
- 3 cucharadas de Stevia
- Una cucharada de canela
- 2 claras de huevo
- Una cucharadita de polvo para hornear
- 1 ½ manzanas
- Una taza de leche de almendras sin azúcar
- ½ cucharadita de zumo de limón
- Una cucharada de mantequilla de almendras

Mezclar la avena, la harina de almendras, la canela y el polvo para hornear.

Aparte poner el zumo de limón en la leche y dejarlo unos minutos.

Mezclar las claras, la Stevia, la mantequilla de almendras, agregar la leche con el limón, y la manzana, y licuar todo.

Incorporar con la mezcla de avena y harina de almendras.

Llevar al horno a 350 °F por 30 minutos o hasta que al introducir un cuchillo éste salga limpio.

Puré de durazno

CALORÍAS PORCIÓN **41**

4 PORCIONES

- 4 duraznos pelados y cortados
- ¼ de taza de agua
- 3 palitos de canela
- Una cucharadita de Stevia o endulzante sin calorías
- ¼ cucharadita de zumo de limón

Cocinar todos los ingredientes a fuego lento hasta que el durazno esté suave.

Retirar del fuego y sacar los palitos de canela.

Triturar el durazno y espolvorear canela en polvo encima.

Comer frío o caliente.

Manzanas con canela

CALORÍAS PORCIÓN **90**

1 PORCIÓN

- Una manzana pelada y cortada en cuatro
- Una cucharada de canela
- ½ cucharada de Stevia o endulzante sin calorías en polvo

Espolvorear las manzanas con la canela y el endulzante.

Llevarlas al microondas por un minuto y medio.

Comer inmediatamente.

CALORÍAS · PORCIÓN 163

Sánduche en hojas de lechuga

1 PORCIÓN

- Lechuga Batavia, crespa o romana.
- 2 rodajas de tomate rojo
- 2 tajadas de queso blanco sin grasa o queso de almendras
- 2 tajadas de pechuga de pollo o jamón de pavo
- Una cucharada de yogur griego natural sin dulce
- Una cucharada de mostaza

Lavar la lechuga y tomar dos hojas grandes que servirán como tapas para el sánduche. Untarlas con el yogur griego y la mostaza previamente mezclados. Armar el sánduche con el resto de los ingredientes.

PORCIÓN 41 CALORÍAS

Café mocca con leche de almendras

4 PORCIONES

- Una taza de leche de almendras sin azúcar
- Una cucharadita de café instantáneo
- ½ cucharadita de cocoa en polvo sin azúcar
- Stevia o endulzante sin calorías al gusto
- Hielo

Licúa todos los ingredientes y sirve en un vaso alto.

PORCIÓN 217 CALORÍAS

Muffins de limón

4 PORCIONES

- Una taza de harina de almendras
- ½ cucharada de harina de avena
- 2 claras de huevo
- Una cucharada de mantequilla de almendras
- Zumo de ½ limón
- ½ cucharadita de semillas de chía
- ½ cucharadita de polvo para hornear
- Una cucharadita de esencia de vainilla
- Una cucharadita de Stevia o endulzante sin calorías

Precalentar el horno a 350 °F.
Mezclar todos los ingredientes en un tazón hasta que haya una masa homogénea. Vertir la masa en recipientes para muffins o cupcakes y hornear por 20 minutos.
Decorar con cáscara de limón rallado.

Quiché de champiñón

PORCIÓN CALORÍAS 81

2 PORCIONES

- 1 huevo entero
- 3 claras de huevo
- ¼ de taza de cebolla blanca cortada en cuadros
- ¼ taza de espinaca
- ¼ de taza de queso blanco sin grasa rallado
- Sal y pimienta al gusto

Precalentar el horno a 350 °F.

Sofreír los champiñones, la espinaca y la cebolla en unas gotas de aceite de oliva.

Mezclar el huevo completo con las claras, la sal y la pimienta. Agregar las verduras salteadas y el queso y mezclar todo.

Llevar esta mezcla a moldecitos individuales previamente engrasados:

Hornear por 20 minutos o hasta que estén listos.

Pancakes de almendra y zanahoria

PORCIÓN CALORÍAS 168

2 PORCIONES

- 4 claras de huevo
- ½ taza de zanahoria rallada
- 3 cucharadas de harina de almendras
- Una pizca de polvo para hornear
- Stevia o endulzante sin calorías al gusto

Licuar todos los ingredientes hasta obtener una masa homogénea. Vertir en una sartén antiadherente cada porción. Voltear cuando salgan huequitos o estén dorados.

Postre

CALORÍAS X PORCIÓN **112**

Torta de zanahoria

4 PORCIONES

- 4 claras de huevo
- ¾ taza de harina de almendras
- Una taza de zanahoria rallada
- ¼ de taza de leche de almendras
- Una cucharadita de polvo para hornear
- Stevia o endulzante sin calorías al gusto

Precalentar el horno a 350 °F por 10 minutos.

Mezclar todos los ingredientes en un bol y batir hasta lograr una consistencia cremosa. Engrasar el molde con un poco de mantequilla de maní o almendras sin azúcar, añadir la mezcla y hornear hasta que al introducir el cuchillo salga limpio.

Cubrir la torta cocida y fría con yogur griego y almendras.

PORCIÓN · CALORÍAS 50

Paletas de fruta

4 PORCIONES

- 4 fresas en rodajas
- 1 kiwi en rodajas
- Una rodaja de piña picada en cuadros pequeños
- 8 moras
- 12 arándanos
- Una taza de agua con unas gotas de jugo naranja y Stevia al gusto

Rellenar cada molde de paletas con las frutas, agregarles el agua con la naranja hasta arriba y congelar.

Este postre es también ideal como un *snack* refrescante a cualquier hora del día y con pocas calorías.

PORCIÓN · CALORÍAS 276

Manzanas con frutos secos al horno

3 PORCIONES

- **Calorías por porción con nueces: 276**
- **Calorías por porción con almendras: 262.8**

- 3 manzanas enteras
- ½ taza de nueces picadas
- ½ taza de arándanos secos
- 2 cucharadas de canela
- Stevia o endulzante sin calorías al gusto

Precalentar el horno a 250 °F.

Sacar el relleno de las manzanas y picarlo, mezclarlo con las nueces, los arándanos, el endulzante y la canela.

Rellenar las manzanas con esta mezcla. Llevarlas al horno por 15 minutos y mantenerlas cubiertas. Comer caliente.

PORCIÓN · CALORÍAS 221

Torta de mantequilla de maní

6 PORCIONES

- 30 almendras
- 4 claras de huevo
- 2 cucharadas de avena en hojuelas
- Stevia o endulzante sin calorías al gusto
- 1 taza de mantequilla de maní
- ½ cucharadita de polvo para hornear
- ½ taza de leche de almendras

Precalentar el horno a 350 °F.

Batir las claras a punto de nieve.

Moler las almendras en la licuadora, que no queden completamente en polvo.

Mezclar las almendras, la leche de almendras, las claras de huevo, la avena, el endulzante y el polvo para hornear

Dividir la mezcla en dos moldes con la misma cantidad en cada uno.

Hornear las dos mezclas hasta que estén listas (que al introducir el cuchillo éste salga limpio).

Para la cubierta:

Batir la mantequilla de maní sin azúcar con la leche de almendras restante, poco a poco, hasta lograr una textura suave.

Desmoldar las dos tortas. Esparcir un poco de la cubierta sobre una de ellas y poner la otra encima.

Con el resto de la cubierta, cubrir la torta completamente.

MOTÍVATE

LA IMPORTANCIA DE PLANEAR TUS MENÚS:

COMES MÁS SALUDABLE, FACILITA TUS COMPRAS EN EL MERCADO, AHORRAS DINERO, TIENES MÁS VARIEDAD Y CUIDAS TU CUERPO MUCHO MÁS.

MOTÍVATE

El cuerpo es capaz de absolutamente todo, es la mente la que debe convencerse.
Cualquier motivación es válida, ya sea salud, competencia, diversión, belleza, bienestar. Lo importante es encontrar eso que nos mueve, y luchar por conseguirlo.

Debemos entender que el *fitness* es un balance entre el cuerpo y la mente y no un estilo de vida sacrificado lleno de dietas y restricciones. Es importante dejar la preocupación por vernos extremadamente delgados o muy musculosos, incluso a costa de nuestra salud, ya que solo así la filosofía de este estilo de vida se vuelve real y placentera para todos.

Cómo mantenernos motivados en el *fitness*

- Trazar metas reales y a corto plazo
- Recompensar el esfuerzo. Puede ser con una comida que te gusta, comprarte un regalo o salir a divertirte
- Buscar lugares que nos gustan y en donde nos sentimos cómodos para entrenar (gimnasio, parque, playa, casa, etc.)
- Conseguir un buen entrenador, que además tenga mucho carisma y nos inspire confianza
- Buscar compañeros de ejercicio
- Oír la música que nos gusta mientras entrenamos
- Pensar siempre en los beneficios que proporciona este estilo de vida
- Encontrar la disciplina que más nos divierte
- Imaginar cómo queremos vernos en dos meses

MOTÍVATE

UN CORAZÓN FUERTE,
UN CUERPO FIT,
PIEL SANA,
MÚSCULOS TONIFICADOS,
NERVIOS CALMADOS,
UNA MENTE ABIERTA,
UN ALMA FELIZ,
UNA SONRISA EN LOS LABIOS.
¿OTRA RAZÓN PARA ESTAR FIT?

CUERPO SANO, MENTE FELIZ, CORAZÓN AGRADECIDO

Queremos agradecer a Dios por mostrarnos que cuando una puerta se cierra, mil se abren. A Yamid, por su generosidad, su honestidad y guía en todos nuestros proyectos; y sobre todo, por haber puesto su alma y corazón a este libro. A Andrea, por su paciencia, y por ayudarnos a plasmar nuestros sueños y conocimientos en papel. A Daniela, por su dulzura y sus apuntes valiosos. A Óscar, por diseñar este libro como si se hubiera metido en nuestra cabeza. A Juan Pablo, por sus fotos impecables. A Laura Gómez, por esa primera llamada. A Jean, por haber creído en nosotras y acompañarnos en todo este camino. A Reebok Colombia, por nuestra ropa. A Body Tech, por permitirnos usar sus instalaciones. Al Dr. Wilson Martínez, por asesorarnos en toda la parte médica. A la Dra. Alejandra Nader, por su aporte en la información calórica de cada receta. A nuestros hermanos, que aún estando lejos son un apoyo cada día. A nuestros amigos del alma que han estado presentes desde el día en que nació Fun2Fit. A nuestros alumnos de Fun2Fit, por inspirarnos y entender nuestras ausencias. A nuestros seguidores y alumnos en línea, por confiar en nosotras e impulsar con entusiasmo este proyecto.